머 리 말

동남아를 이해하는 키워드 중에 하나가 종교이다. 동남아는 다양한 종교가 정치·경제, 사회·문화에 지대한 영향을 미치고 있다. 특히 인도차이나 반도의 대륙부 동남아시아 국가들은 대부분 불교국가이다.

불교는 누구나 용맹정진하여 붓다의 가르침을 깨달으면 붓다가 되어 열반의 경지에 다다를 수 있는 자력교이다. 동남아의 불교는 대부분 상좌부 불교이다. 상좌부 불교는 붓다의 가르침을 엄격하게 지키고 수행한다.

동남아 불교 국가의 불자들은 깊은 불심을 일상생활 속에서 실천하고 있다. 동남아의 이른 아침은 탁발을 준비하는 불자들의 따뜻한 마음에서 시작된다. 새해 아침도 사원에서 봉사를 통해 시작된다.

소욕지족의 무소유를 강조하는 불교는 현대 자본주의 경제의 장점은 적극 수용하고 단점을 보완할 수 있는 장점을 갖고 있다. 불교의 가르침은 동남아 경제의 생산, 소비, 성장, 분배에 균형잡힌 시각을 제공하고 있다.

불교는 경제행위의 본질적인 목적이 물질추구가 아니고, 행복추구임을 우리에게 차분히 알려주고 있다. 동남아 불교국가들의 경제를 단순히 차가운 경제적 관점으로만 접근해서는 안된다. 따뜻한 행복의 관점에서 접근해야 한다.

Young Moon(젊은 달)

무역학자가 불교를 연구한 이유

동남아 불교 국가들이 모여 있는 인도차이나 반도지역은 동남아 지역에서도 성장 가능성이 가장 높은 지역이다. 인도차이나 반도는 최근 들어 넥스트 차이나 지역으로 급부상하고 있는 지역이고, 세계경제를 주도하고 있는 중국과 인도의 징검다리 역할을 해주고 있는 지역이다.

베트남은 도이머이 정책 이후 개혁과 개방을 가속화한 이후 넥스트 차이나 국가로 급부상하였고, 최근 들어 폐쇄의 긴 터널을 벗어나와 세상을 향해 빗장을 연 미얀마는 외국인 투자가 급증하고 있다.

인도차이나 반도국가들은 메콩강을 중심으로 메콩강 경제권을 형성하면서 성장지역으로 탈바꿈하고 있다. 태국을 제외한 인도차이나 반도 국가들은 가난의 굴레를 아직 벗어나고 있지 못하지만 그 가난을 벗어나기 위해 변신에 변신을 거듭하고 있는 성장 잠재력이 큰 지역이다.

동남아의 한축인 인도차이나 반도의 대륙부 동남아는 불교국가라는 공통분모를 갖고 있다. 불교는 이 지역의 국민들의 모든 삶에 차분하게 촘촘히 배어 있다. 불교에 대한 이해 없이 인도차이나 반도 국가들을 이해할 수는 없다.

무역학자가 불교를 연구한 이유가 여기에 있다. 인도차이나 반도의 대륙부 동남아를 이해하려면 불교연구가 선행되어야 한다. 불교의 가르침이 인도차이나 반도 국가들의 균형잡힌 경제성장을 가져오길 기원한다.

목 차

제6부 불교의 수행과 실천

제7부 불교 경전

제8부 승려

제9부 사원

제10부 상좌부 불교와 대승불교

제15부 중도 · 무아 · 평등사상과 경제협력

제16부 동남아 불교와 경제

제17부 동남아 불교국가

표 목차

그림 목차

Check Point

제1부

사진으로 만난 동남아 불교와 인도차이나반도

제1장 동남아 승려

1. 미얀마

2. 베트남

3. 캄보디아

4. 라오스

5. 태국

제2장 동남아 사원

ရွှေတိဂုံစေတီတော်နှစ်(၂၆၀၀)ပြည့်အထိမ်းအမှတ်

金經永唱為他人

제3장 인도차이나 반도 문화

PRESIDENT
HỒ CHI MINH
(1890-1969)

HSBC
BAOVIET

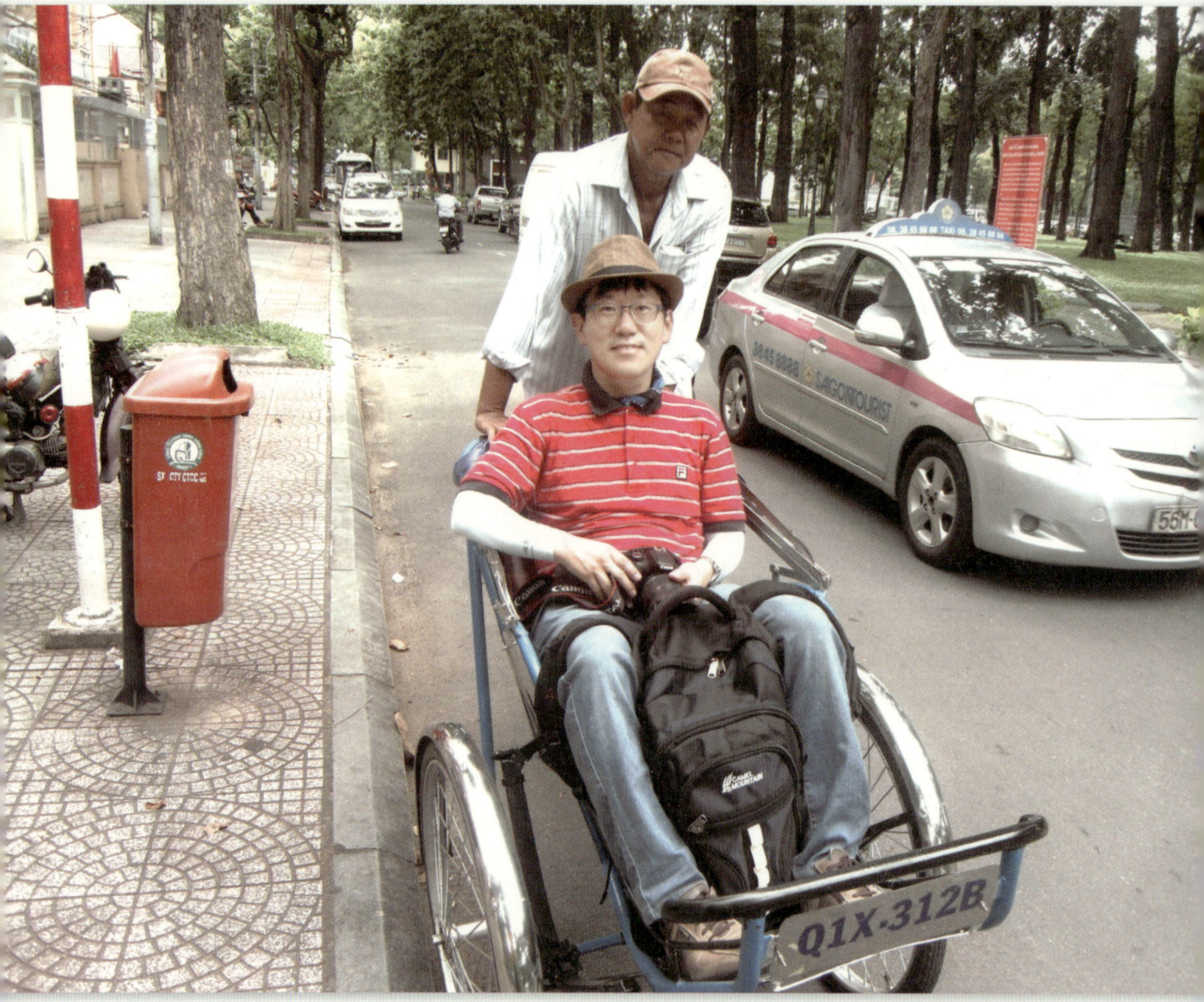
SAIGONTOURIST
Q1X-312B

7219

pierre cardin

제4장 인도차이나 반도 국경

GOLDEN TRIANGLE
黄金三角
CHIAN KOK
MENGPENG
MUANG SING
LAOS
WIANG PHUKHA
HOUAYXAY
CHIANGHONG

ပြည်ထောင်စုသမ္မတမြန်မာနိုင်ငံတော်
REPUBLIC OF THE UNION OF MYANMAR
OUT
IN

제5장 인도차이나 반도 학생들

제2부

불교 경구와 삶, 그리고 동남아

"무소유"

무소유는 아무것도 갖지 말라는 의미가 아니다.

무소유는 적은 것에, 작은 것에 만족하라는 가르침이다.

"지혜가 없으면 선정을 이룰 수 없다."

〈법구경〉

아무리 많은 수행을 하여도 지혜가 없다면,
지혜를 얻지 못했다면 선정을 이룰 수 없다.

수행을 히여도 지혜가 없다면,
아직도 탐욕과 번뇌가 떠나지 않고 맴돌고 있기 때문이리라.

"당연히 해야 할 일을 온 힘을 다해 행하고,
당연히 해서는 안 될일을 하지 않고
스스로 깨달아 몸을 닦으면 지혜는 점점 자란다."

〈법구경〉

지혜는 어느 날 갑자기 섬광처럼 나타나는 기적이 아니다.
지혜는 자신에게 주어진 일을 최선을 다해서 행하는 과정 속에서 생긴다.

지혜는 해서는 안되는 일을 하지 않을 때마다 점점 자란다.
해서는 안될 일을 하지 않았다는 것이 지혜이다.

"모든 것은 고통이다."

〈법구경〉

인생은 고통이고,
그 고통은 탐욕에서 온다

인생이 고통이란 걸 아는 순간,
눈 앞의 고통의 무게는 가벼워지고,

찬찬히 들여다 본 고통이 탐욕에서 온 걸
아는 순간 고통은 작아진다.

탐욕을 내려 놓는 순간 고통은 내 곁을 떠난다.

"탐욕에서 근심이 생기고 탐욕에서 두려움이 생긴다."

〈법구경〉

인간의 감정 중에서 근본적이고, 가장 강력한 감정이 두려움이다.
근심은 늘 우리를 주눅들게 한다.

두려움과 근심은 우리의 얼굴에서 웃음을 사라지게 한다.

웃음이 사라진 얼굴엔 두려움과 근심이 둥지를 틀고 앉는다.

가난이 일상화되어 있는 동남아 불자들은 늘 웃는다.
탐욕의 그늘이 두려움과 근심을 만들지 않았기 때문일 것이다.

두려움도 찬찬히 들여다보면 탐욕인 것을…
근심도 탐욕을 벗어던지면 사라지는 것을…

“모자라는 것은 소리를 내지만 가득한 것은 조용하다.”

〈숫타니파타〉

빈수레가 요란하다.
아무도 알아주지 않고, 인정해주지 않기 때문에…

"게으름은 먼지와 때와 같다."

〈숫타니파타〉

서있으면 앉고 싶고,
앉아 있으면 눕고 싶은게
인간의 본성이다.

먼지와 때도 그 때 그때 닦지 않으면
쌓이고 쌓인다.

게으름은 인간의 본성이다.
먼지와 때를 닦아 내듯이
게으름도 닦지 않으면
삶의 먼지와 때가 된다

"흙탕물에 더럽혀지지 않은 연꽃같이 무소의 뿔처럼 혼자서 가라."

〈숫타니파타〉

무균세상은 없다.
우리가 사는 세상은 흙탕물처럼 혼란과 혼돈이 가득하다.
그러나 혼돈과 혼란의 세상을 벗어나 혼자 살순 없다.

연꽃이 흙탕물이 더럽다고 흙탕물을 떠날 수 없는 것처럼
우리도 혼돈과 혼란의 세상을 떠나 혼자 살 순 없다.

연꽃처럼 흙탕물에 더럽혀지지 않는 단아한 지혜를
삶 속에서 얻어야 한다.

“베푸는 일로 인색함을 이겨라.”

〈법구경〉

인색함도 베풂도 습관이다.

인색함에 길들어지면,
점점 마음의 여유가 없어진다.

베품은 마음의 여유를 가져다 준다.

“인간의 욕망은 물속에 비친 달 같으며 뜬 구름 같다.”

〈화엄경〉

물속에 비친 달을 본적이 있는가?

손을 물속에 담그면 달은 달아나 버린다.

고개들어 뜬구름을 본적이 있는가?
손을 뻗으면 뜬구름은 더 멀리 사라져 버린다.

욕망은 한발짝 다가가면
두발짝 물러난다.
욕망을 쫓다보면 물속의 달에 빠진다.

"살아 있는 것들은 모두 다 행복하다."

〈숫타니파타〉

지구는 인간만을 위해 존재하는가?

지구상에 살아있는 모든 것들은
다 존재의 이유가 있고 행복할 자유가 있다.

행복은 인간의 전유물이 아니다.
인간의 행복을 위해 다른 생물들의
불행을 눈감아선 안된다.

행복은 공유할 때 커진다.
행복은 공존의 따뜻함이 있을 때
지속될 수 있다.

“미움은 미움으로써 없어지지 않는다. 미움은 참음으로써 자비로써 극복된다.”

〈법구경〉

누군가를 미워하는 마음이 그 누군가를 미워하면 사라지는가?

누군가를 미워하면 행복한가?

미운 마음을 미운 마음으로 세상에 내놓으면 미움이 작아지는가?

미움을 참는 것은 베품이다.
미움을 참는 것은 자비이다.
자비는 미움을 참는 것이다.

“어진 사람은 뜻이 굳세어
비난과 칭찬에도 흔들리지 않는다.”

〈법구경〉

칭찬에 기뻐 날뛰지도,
비난에 분노하지도 말라

칭찬도 무상하고
비난도 무상한 걸…

스쳐지나가는 바람인 것을…
바람에 진리를 날려 보내지 말라
진리는 칭찬도 비난도 아닌
진리일뿐…

"행위의 의해 천한 사람도 되고
행위에 의해 바라문이 되는 것이다."

〈숫타니파타〉

오늘 자신이 서있는 자리는 어제 내가 한 행위의 업이다. 내일 자신이 서있을 자리는 지금 자신이 하고 있는 업의 모습이다.

"이것이 있기 때문에 저것이 있고, 이것이 생기기 때문에 저것이 생긴다."

〈잡아함경〉

노동자가 없는 사용자를 생각할 수 있는가?

하청기업이 없는 대기업을 생각할 수 있는가?

소비가 없는 생산을 생각할 수 있는가?

세상 어디에도 독자적 실체는 없다.

실존은 연계에서 시작된다.
연계가 없으면 실존은 없다.

제2장 불교 경구와 동남아

"자기야말로 자신의 주인이고 자기야말로 자신의 의지할 곳이다."

〈법구경〉

농남아는 서구 열강의 많은 침략과 간섭이 있었지만,
이제 동남아의 주인은 동남아 10개국임을 온 세상에 천명하는 아세안 경제공동체(AEC)를 출범하였다.

이제 동남아 10개국이 의존할 곳은 AEC이다.
이제 동남아는 외부세계가 아닌 AEC를 등불로 삼아야 한다.

"선의 열매가 익기 전에는 착한 사람도 화를 만나다."

〈법구경〉

동남아 불교국가를 거닐다 보면 순박한 웃음과 착한 마음을 자주 만난다.

그러나 순박한 웃음과 착한 마음도 때론 화를 낸다.
아직 선의 열매가 익지 않았기 때문이다.

동남아 불자들은 자신의 마음에서 선의 열매가 익을 수 있도록 매일 붓다의 가르침을 따르고 또 따르려고 정진한다.

순박한 웃음, 착한마음에 선의 열매가 익을 수 있도록...

"선을 행하면 항상 좋은 일이 따르게 되나니"

〈법구경〉

동남아 불자들은 스님에게 탁발하기 전에
먼저 아침 식사를 하지 않는다.
선업은 선과를 가져온다는 믿음이
때이른 아침 자신의 뱃속보다 남을 먼저 떠올리게 한다.

"믿음이 있으면 계행은 저절로 이루어진다."

〈법구경〉

동남아 상좌부 불교는 계율이 매우 엄격하다.
엄격한 계율보다 더 단단한 것은 붓다의 가르침에
대한 태산같이 크고 큰 믿음이다.

"모든 것은 무상하다."

〈법구경〉

이세상 모든 것은 다 변한다.
고정된 실체는 없다.

이 진리가 동남아 불자들에게
긴 식민지배의 고통을 견디게
해주었으리라…

기나긴 식민지배와 착취도 언젠가는
끝나리라는…

“참음으로써 성냄을 이긴다.”

〈법구경〉

동남아 불자들은 성내는 사람을 인격이 미숙한 사람으로 간주한다.

성냄을 참지 못함은 자기 성찰이 부족함을 표현하는 것이다.

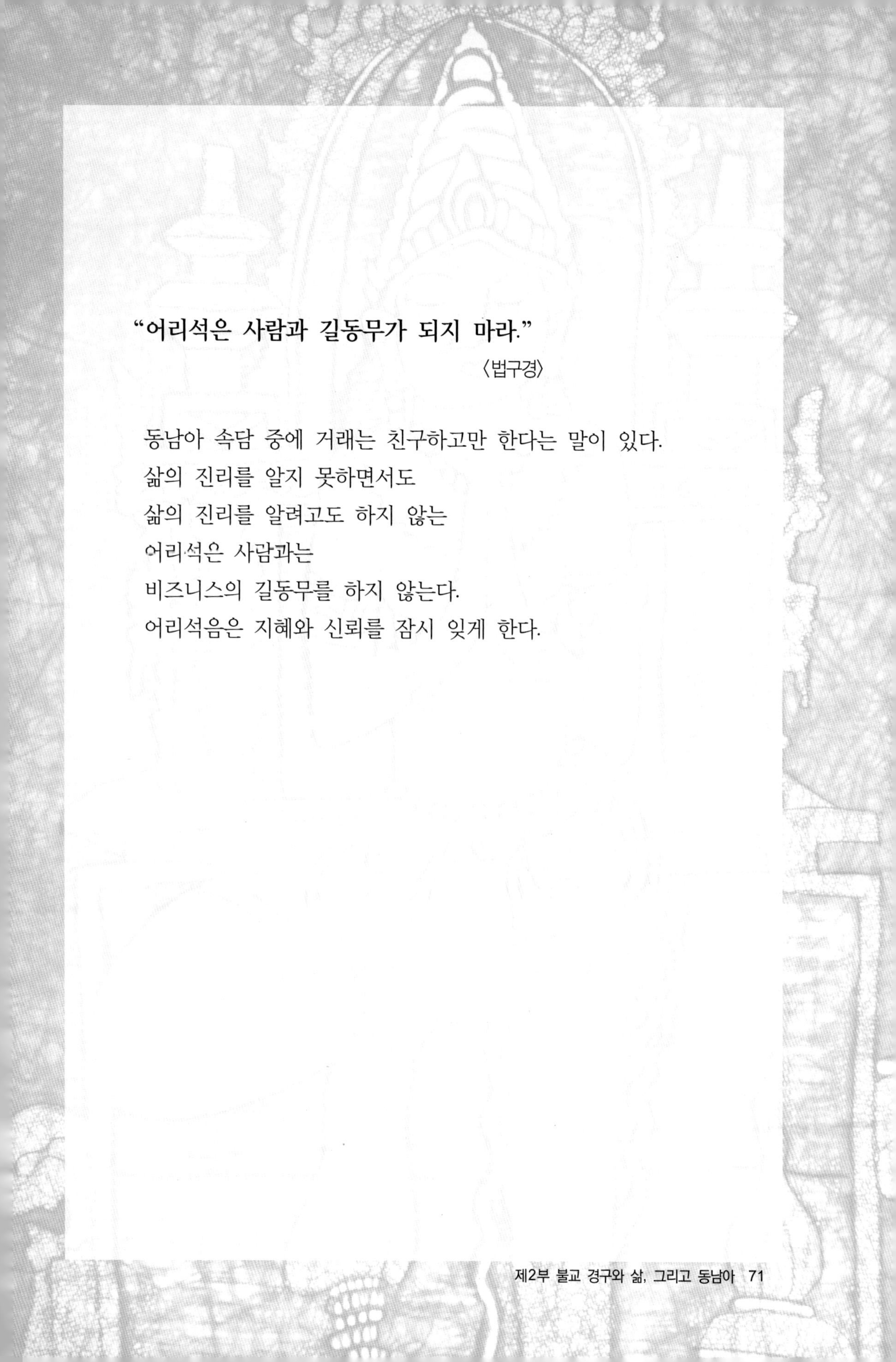

"어리석은 사람과 길동무가 되지 마라."

〈법구경〉

동남아 속담 중에 거래는 친구하고만 한다는 말이 있다.
삶의 진리를 알지 못하면서도
삶의 진리를 알려고도 하지 않는
어리석은 사람과는
비즈니스의 길동무를 하지 않는다.
어리석음은 지혜와 신뢰를 잠시 잊게 한다.

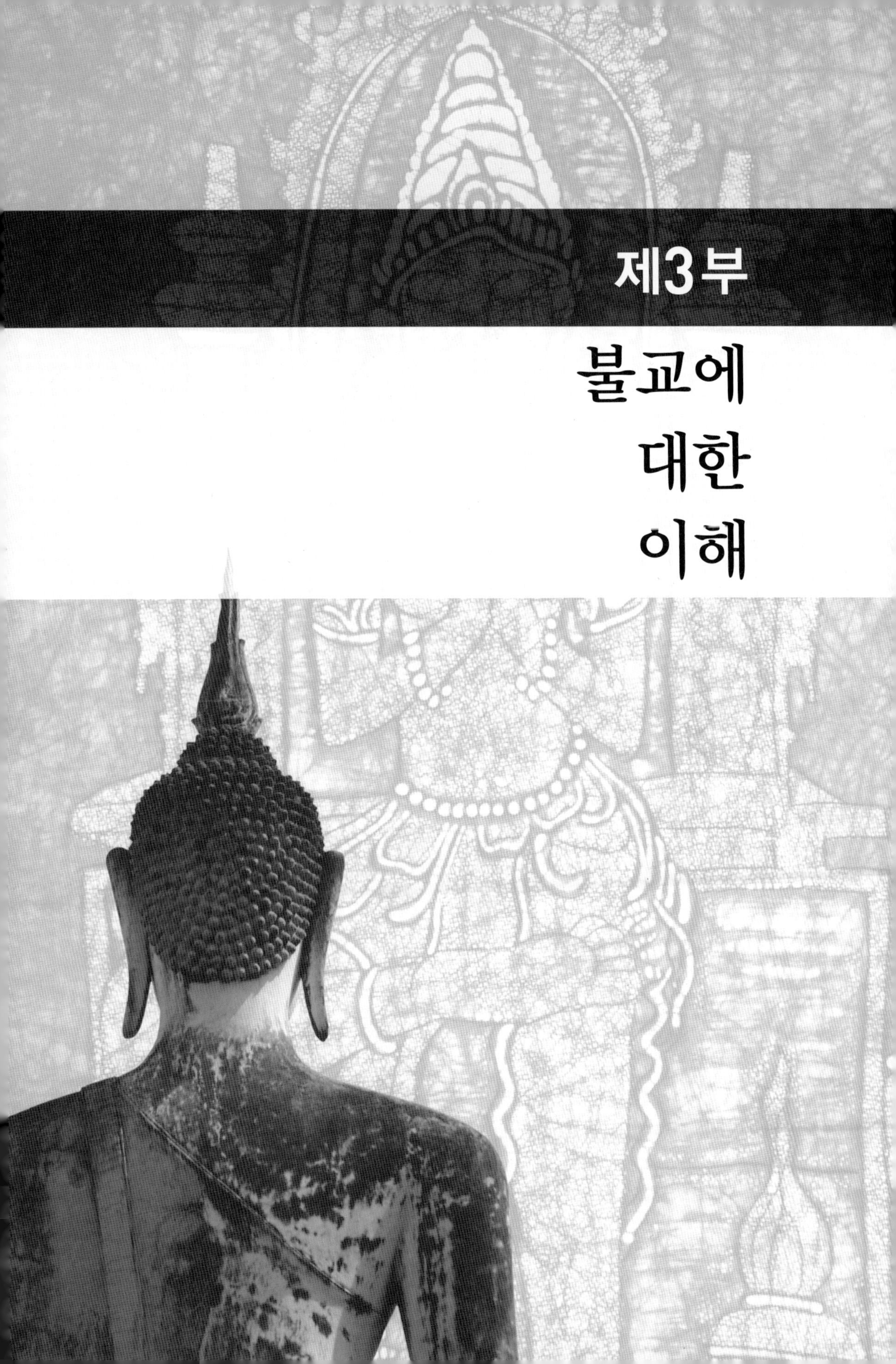

제3부 불교에 대한 이해

제1장 종교 입문

1. 종교의 장점

불교를 이해하려면 먼저 종교에 대한 이해가 선행되어야 한다. 인간사회에서 종교는 지대한 공헌을 하고 있다. 종교는 우리 인간을 정화할 수 있는 계기를 만들어 주고 이기적이고 자기중심적인 인간들에게 이상적 사회를 건설할 수 있는 길을 제시 해준다. 또한 삶속에서 고통을 겪고 있는 모든 인간들이 현실의 고통을 해소할 수 있는 안식처를 제공해주고 있다. 종교는 무엇보다 인간이 근원적으로 느끼고 있는 죽음의 공포로부터 벗어날 수 있는 토대를 마련해주고 있다.

2. 종교의 단점

전 세계적으로 종교로 인해 구원을 받는 사람도 많지만, 종교로 인한 갈등으로 고통을 받는 사람도 많다. 종교가 갖고 있는 장점이 그 사회에서 선순환 될 때는 개인의 행복과 사회, 국가의 통합에 큰 공헌을 하지만, 종교가 갖고 있는 역할에 반하는 방향으로 작용할 때는 오히려 사회통합을 저해하고 국제분쟁의 원인으로 작용할 수 있다.

제2장 불교 입문

1. 불교와 부처에 대한 이해

1) 불교(佛敎) = 부처님의 가르침 + 부처가 되는 길

불교는 인간은 누구나 부처님의 가르침을 믿고, 그 가르침대로 수행하면 최고의 진리를 깨달아 부처가 되어 고통으로부터 벗어나 행복을 누릴 수 있다고 가르치고 있다. 불교는 부처님에 의해 설해진 진리의 가르침이다(홍성민, 2000).

불교는 부처님의 가르침을 믿고 수행하여, 열반을 증득하는 것이 종교적 목표이다. 불교는 인간이 온갖 번뇌로부터 벗어나게 해줄 깨달음을 얻을 수 있도록 부처님의 가르침을 전해주고 실천을 도와주는 종교이다(水野弘元, 2002).

불교는 부처님이 스스로 깨달은 진리를 중생들에게 알려주기 위해 설법함으로써 성립한 종교이다. 이처럼 불교는 부처님이 말한 진리를 의미하고 영어로는 Buddhism이라고 한다(高崎直道, 1988).

Check Point 깨달음

붓다의 종교적 출발점은 고(苦)이다. 즉, 고(苦)로부터의 해방이다. 고(苦)의 근원은 사물의 존재에 대한 무지(無知)이다. 따라서 고(苦)로부터 벗어 나려면 무지(無知)에서 지(知)로 전환되어야 한다(水野弘元, 2002).

붓다가 깨달은 진리는 크게 세가지로 축약할 수 있다. 첫째, 세상 모든 것은 고통스럽다. 둘째, 세상 모든 것은 덧없다. 셋째, 세상 모든 것은 실체가 없다(김미숙, 2007).

부처님은 인간들이 고통을 겪는 것은 인간들이 세상의 이치를 알지 못하기 때문이라고 한다. 깨달음이란 세상의 이치를 알아 고통에서 벗어날 수 있는 지혜를 얻는 것이다. 이러한 지혜를 터득 했을 때 해탈과 열반을 성취할 수 있다(대한불교 조계종, 2002). 깨달음은 보리(Bodhi)라고 부르며 성도(成道)라고도 한다(高崎直道, 1988).

"수행승이여, 배안에 스며든 물을 퍼내라.
속이 비면 배는 가볍게 갈 수 있나니
이와 같이 탐욕과 증오와 어리석음을 끊어 버리면
대자유의 열반의 나루에 닿게 되리라".

〈법구경〉

Check Point 두카(duhkha)

두카(duhkha)는 괴로움을 뜻하는 산스크리트어로, 불교에서는 삶은 괴로움이라고 가르친다(Roy Robson, 2011).

Check Point 무명(無明)과 반야

무명은 세상의 이치를 알지못하는 어리석음을 의미한다. 반야는 지혜를 말하는 것으로 단순한 지식을 의미하지 않고 사물과 존재의 실상을 정확하게 꿰뚫어 볼 수 있는 안목이다. 삶의 모든 고통은 세상의 참 이치를 바로 알지 못하는 어리석음인 무명때문에 발생하므로 인간은 불교의 가르침대로 수행하여 어리석음에서 벗어나 지혜를 얻는 깨달음을 얻어야 한다.

"어리석은 사람은 반쯤 물을 채운 항아리 같고 지혜로운 사람은 물이 가득 찬 연못과 같다." 〈숫타니파타〉

Check Point 해탈

해탈은 모든 번뇌와 속박에서 벗어나 어디에도 걸림없이 자유롭게 사는 것이고, 열반은 모든 고통에서 벗어난 고요하고 평화로운 삶이다(대한불교 조계종, 2002).

Check Point 열반(涅槃) = 상(常)·락(樂)·아(我)·정(淨)

열반(涅槃, nirvana)는 불교의 궁극적인 목표이다. 부처님의 가르침에 따라 불법을 지키고 수행하여 열반(涅槃)에 들면 삶이 무상(無常)하지 않고 고통에서 벗어나 즐거움이 충만하고, 참된 나로서 청정한 삶을 살게 된다. 열반(涅槃)은 번뇌가 소멸되고 삶과 죽음, 윤회의 고통에서 벗어난 불교 이상을 의미한다(화엄선원, 2015).

열반은 극락에 가는 것이 아니다. 열반은 욕심, 노여움, 어리석음과 같은 번뇌의 불꽃이 진리를 인식함으로써 사라지는 것이다(水野弘元, 2002). 깨달음을 성취한 다음에는 괴로움이 소멸하고 윤회의 사슬이 끊어진 경지에 이른다(Roy Robson, 2011).

"병이 없는 것이 최고의 이익이고
만족함이 최고의 부자이다.

후덕함이 최고의 친구이고
열반이 최고의 기쁨이다."
〈법구경〉

Check Point 수가타(sugata)

수가타(sugata)는 깨달음의경지에 도달한 사람이라는 뜻으로 깨달음의 세계에 도달해서 다시 생사의 세계에 빠지지 않고 행복을 누린다는 의미이다(Roy Robson, 2011).

"자신이야말로 자신의 주인인데 어떤 주인이 따로 있을까.
자신을 잘 다룰 때 세상에서 얻기 힘든 자기라는 주인을 얻게 된다."
〈본생담〉

2) 부처 = Buddha = 覺者

불(佛)은 불타(佛陀)를 의미하는 것으로 인도어인 붓다(Buddha)를 음역한 것이다. 각자(覺者)는 깨달은 사람이란 의미로 우주와 인생의 진리를 깨달은 사람을 말한다. 석가모니(shakyamuni)는 석가족 (釋家族) 출신의 성자라는 의미이다(水野弘元, 2002).

불세존(佛世尊)은 깨달아 이 세상에서 가장 존귀하신 분으로 석가세존, 석존이라고 부른다. 중국에서는 붓다를 부도(浮圖)라고 하고 일본에서는 호도게라고 부른다(高崎直道, 1988).

부처님은 깊고 참된 진리를 깨달은 분, 진리에 눈뜬 분을 의미한다. 그리고 깨달음이란 부처님이 오랜시간 수행을 통하여 증득하신 이 세상에서의 최고의 진리를 말한다.

Check Point 고타마 싯다르타와 석가모니

고타마 싯다르타(Gautama Siddhartha)는 부처님의 출가전 이름이고 '모든 소원을 달성한 사람'이라는 의미이다(화엄선원, 2015).

Check Point 불교도의 염원 = 覺者(Buddha)

불교 수행의 완성 = 지혜의 성취 + 자비의 실천

불교에서 믿음은 신심(信心)이라고 한다(대한불교조계종 포교원, 2002).

모든 불교도들은 역사적인 석가모니의 가르침을 믿고 실천하여 그와 같이 覺者(Buddha)가 되는 것이 종교적 염원이다(안양규, 2013). 또한 붓다를 완전한 인격자로 해석한다면 불교는 인격완성을 목표로 한다(水野弘元, 2002).

Check Point 성불

성불(成佛)이란 부처님의 진리를 깨달아 부처가 된다는 의미이다. 불교에서 깨달음은 최고의 가치이다. 불교에서는 누구라도 부처님을 믿고, 부처님의 가르침을 배우고 수행하여 깨달음을 얻으면 붓다가 될 수 있다(대한불교 조계종, 2002).

Check Point 견성성불(見性成佛)

불교에서는 모든 인간은 다 자기안에 부처가 있다고 간주한다. 견성성불은 자기 안에 내재된 부처의 참성품을 바로 보아 부처가 되는 것을 의미한다(화엄선원, 2015).

> "마음 속에 욕심과 화냄과 어리석음으로 가득 찬 사람들은
> 고요하고 평안한 최고의 진리를 알 수가 없다."
>
> 〈화엄경〉

Check Point 覺者, 成佛의 의미 변화

각자(覺者)와 성불(成佛)에 대한 의미가 시대와 장소에 따라 달리 해석되는 경우가 있다. 본질적으로 성불(成佛)은 누구나 부처님의 진리를 깨달으면 도달할 수 있다고 생각되었는데 부파불교 시대에는 일반 중생이 도달할 수 있는

최고의 경지는 석가모니불보다는 아랫단계인 아라한(arahant)으로 정의하였다(안양규, 2013).

Check Point 염불(念佛)

염불(念佛)은 부처님을 마음속으로 생각하는 수행법이다. 이처럼 염불은 불자들이 부처님을 경건하게 생각하며, 부처님의 크신 공덕을 기리며, 부처님의 이름을 부르는 것을 의미한다.

2. 불교의 특징

1) 스스로 깨달음의 종교 = 자각의 종교 = 자력문

불교와 다른 종교의 가장 큰 차이점중에 하나는 불교는 스스로 진리를 깨달을 수 있는 자각(自覺)의 종교다. 불교는 다른 종교처럼 신에 의지하는 종교가 아니고 스스로 진리를 깨달아 부처가 되는 종교다. 이처럼 불교는 타력문(他力門)의 종교가 아니고 자력문(自力門)의 종교이다(화엄선원, 2015).

모든 종교는 구제를 설교하는데 어떤 종교는 절대자에게 자신을 맡김으로써 구제가 가능한 종교가 있고, 또 어떤 종교는 자력으로도 구제가 된다고 가르치는 종교가 있다. 불교는 자력종교이다. 불교의 자력종교로서의 성격은 법구경에 다음과 같이 나타나 있다.

"자신이야 말로 자신의 의지처
자기 자신을 두고 어느 누구에게 의지하리
잘 다스려진 자기 자신이야말로
최고의 의지처"

〈법구경〉

이처럼 불교에서는 자기를 구원하는 자는 자기자신밖에 없다고 가르치고 있다(水野弘元, 2002). 그런데 그냥 자기 자신이 아니고 잘 다스려진 자기만이 자기를 구제할 수 있다. 즉, 잘 다스려지지 않은 자신은 자신을 스스로 구제할 수 없다. 따라서 자기 자신을 스스로 구제하려면 불교의 가르침에 따라 수행하여 자기 자신을 다스려야 한다.

2) 불교는 실천중심의 능동적인 종교

불교는 형이상학적인 이론중심의 종교가 아니고 스스로 진리를 깨닫고 깨달음을 실천하고 행동하는 능동적인 종교이다.

3) 불교는 지혜로서 고통을 벗어나는 종교이다

불교는 존재의 참모습과 진리를 모르는 무지(無知)와 무명(無明)으로 인한 고통을 벗어나기 위해서는 진리를 볼 줄 아는 지혜를 키워야 한다고 가르치고 있다.

4) 불교는 자비의 종교

불교하면 떠올려지는 첫 번째 키워드가 자비이다. 자비(慈悲)의 본래의미는 발고여락(拔苦與樂)이다. 자(慈)의 의미는 여락(與樂)으로 다른 사람에게 즐거움을 선사하는 것이고 비(悲)는 발고(拔苦), 즉 다른 사람의 괴로움을 없애주는 것이다. 이렇듯 불교는 다른 사람의 고통을 없애주고 다른 사람에게 즐거움을 주는 자비를 배푸는 종교이다.

5) 불교는 신과 평등한 종교

많은 종교들이 신과 인간의 관계가 수직관계이지만, 불교는 누구나 진리를 깨달으면 부처가 될 수 있는 종교이다(화엄선원, 2015).

Check Point 무소유와 평등

승려는 무소유의 삶을 지키면서 수행하므로 사원에 들어오는 공양물 등은 분배하며 공유하는 삶을 원칙으로 한다(김영애, 2007).

Check Point 평등의 관점에서 힌두교와 불교의 차이점

인도에서 발생한 두 종교인 힌두교와 불교는 공통점도 있지만 가장 큰 차이점은 신분에 관한 부분이다. 불교는 힌두교와 달리 그 당시 인도사회에서 가장 낮은 계급인 천민과 노예인 수드라계급에게도 출가의 문호를 개방했다.

따라서 그 당시에 가장 낮은 계급인 노예도 주인의 허락을 얻은 경우에는 불교로 출가할 수 있었고, 다시 환속한 후에는 자유인이 되었다. 즉, 노예도 스님이 될 수 있었다(김영애, 2007).

Check Point 사성계급

인도의 사성계급은 최상위층인 바라문에서 왕족과 무사계급인 크샤트리아, 평민인 바이샤, 천민인 수드라 계급으로 엄격히 구분되었다.

6) 불교는 평화의 종교이다

세계적으로 발생하고 있는 국제적 갈등과 분쟁의 원인중 많은 부분이 종교와 관계되는 경우가 많은데 역사적으로 불교로 인한 세계적인 큰 전쟁은 없었다(화엄선원, 2015).

3. 삼보(三寶)

삼보(三寶) = 불(佛), 법(法), 승(僧)
= 불교의 믿음의 대상

불교에서는 가장 기본이 되는 세 가지 보배로 불타(Buddha, 佛), 탐마(Dhamma, Dhamma, 法), 그리고 상카(Sangha, 僧)를 강조한다(김영애, 2007). 이처럼 불교에서 3보는 불보(佛寶), 법보(法寶), 승보(僧寶)이다. 각각은 교주(敎主), 교리(敎理), 교단(敎團)을 의미한다.

삼보는 모든 중생의 귀의처로 그 소중함이 무엇과도 견줄 수 없는 보배라는 의미로 삼보라고 한다(대한불교 조계종, 2002). 불교에서 이 세 가지를 보배로 꼽는 이유는, 부처님과 그 가르침과 수행자들이 모두 보배와 같이 고귀하기 때문이다.

1) 불보(佛寶) = 부처님

붓다는 석가모니를 의미하는 것으로 불보(佛寶)는 불자들이 부처님과 같은 큰 깨달음과 공덕을 갖추도록 정진해야 된다는 의미가 내포되어 있다.

석가모니가 이 세상에 태어나서 진리를 깨닫지 않았다면 불교는 없었을 것이다. 불교는 석가모니가 성도하여 붓다(깨달은 자)가 된 것을 인정함으로써 시작된다(高崎直道, 1988).

2) 법보(法寶) = 부처님의 가르침 = 부처님이 깨달은 진리 = 삼장

법(法=眞理)은 부처님의 가르침을 의미하는 것으로 법보(法寶)는 불자들이 부처님의 가르침을 배우고 지키면서 부처님처럼 모든 중생에게 불법을 가르쳐야 한다는 의미가 있다.

불법은 붓다가 깨달음을 얻은 후 가르친 내용과 말씀으로 중생들이 바르게 가야 할 길을 제시하고 있다(김영애, 2007). 법보는 부처님의 설법을 담아 놓은 경(經), 율(律), 논(論)의 삼장을 의미한다(조계종, 2001). 법(法, dharma)은 일반적인 붓다의 가르침을 가리키지만, 또한 우주의 궁극적인 법칙을 의미하기도 한다(Roy Robson, 2001).

석가모니가 붓다가 된후에 자신의 깨달음을 다른 사람들에게 말하지 않았다면 불교는 성립하지 못했다. 붓다가 진리로써 가르친 불법은 불교를 성립하게 하는 두 번째 요소이다(高崎直道, 1988).

> "진리의 법을 지키는 사람은 말을 많이 하지 않는다.
> 진리의 법에 몸을 의지해 실행한다.
> 진리의 법을 지키고 잊지 않는 사람
> 그가 진리의 법을 받드는 사람이다."
>
> 〈법구경〉

3) 승보(僧寶) = 스님들

승(僧)은 승가(僧伽)를 줄인 말로 수행공동체를 말한다. 승려는 불타의 가르침을 중생들에게 전하고 가르치는 스승이다. 승보(僧寶)는 불자들이 모든 승려를 포함한 불보살(佛菩薩)들에게 공양(供養)을 올리고 수행에 정진해야 된다는 의미가 있다. 상카는 승려의 모임으로 교단을 의미한다. 우리가 일반적으로 말하고 있는 상가는 상카의 음역으로 중(衆), 무리, 단체 등을 뜻한다(김영애, 2007).

Check Point 신구족(信具足)

신구족(信具足, saddhāsampanna)은 신자(信者)로서 불(佛), 법(法), 승(僧)에 대한 지극한 신뢰를 의미한다(홍성민, 2000).

4. 불자

1) 불자의 의미

불자는 부처님의 제자란 의미로 부처님을 믿는 사람이라는 의미와 부처님의 가르침을 열심히 수행하면 앞으로 부처님이 될 수 있다는 의미이다.

2) 재가 불자가 지켜야할 5계

오계(五戒)는 수계를 받은 재가자가 일상생활 속에서 지켜야할 5가지 계율을 의미한다. 재가불자는 매일 되풀이 되는 일상생활 속에서 5계를 지켜야 한다. 5계는 다음과 같다 첫째, 불살생(不殺生)으로 불자는 생명이 있는 것을 살생해서는 안된다. 둘째, 불투도(不偸盜)로 불자들은 남의 것을 도둑질 해서는 안된다.

셋째, 불사음(不邪狀)으로 불자들은 삿된 음행을 행해서는 안된다. 넷째, 불망어(不妄語)로 불자들은 거짓말을 해서는 안된다. 다섯째, 불음주(不飮酒)로 불자는 음주등으로 정신을 흐리게 해서는 안된다(김영애, 2007). 5계에는 자비(慈悲), 복덕(福德), 청정(淸淨), 진실(眞實), 지혜(智慧)라는 적극적인 의미가 내포되어 있다.

"언제나 해야 할 일은 확신을 갖고 열정적으로 하라.
티끌과 허물로 자신을 더럽히지 말라.
하지 말아야 할 것을 한 뒤에는
반드시 번민의 해로움이 따라온다.
선을 행하면 항상 좋은 일이 따르게 되어
가는 곳 마다 후회할 일이 없다"

〈법구경〉

Check Point **오계중에서 정직과 관계된 계는 무엇인가**

오계(五戒)중에서 불자가 지켜야할 정직한 삶과 관계되는 것은 거짓말 하지 마라는 불망어(不妄語), 불투도(不偸盜)이다.

Check Point **오계(五戒) 중에서 성계(性戒)와 차계(遮戒)는 무엇인가**

불자들이 지켜야할 오계 중에서 불살생, 불투도, 불사음, 불망어는 성계(性戒)라 하여 불자들이 반드시 지켜야 할 계율이지만, 오계 중에서 불음주는 차계(遮戒)라고 하여 음주자체는 악이 아니지만, 음주로 인해 발생되는 죄악이 발생할 수 있으므로 계율로서 금하는 것이다(홍성민, 2000).

Check Point **법우(法友)**

법우(法友)란 불법을 배우는 친구라는 의미이다. 법우는 깨달음으로 가는 힘든 길에서 슬픔과 기쁨을 함께 하고 서로의 수행을 도와주는 진리의 친구를 의미한다. 이처럼 불교에서의 인연은 일반 친구이상의 의미가 있어 법우(法友)라고 부른다.

Check Point **선우(善友)**

선우(善友)는 화합해서 한 길을 가는 좋은 어진 벗이라는 의미이고, 선지식(善知識), 도반(道伴)도 같은 의미이다(대한불교 조계종, 2002).

선우(善友, kalyãl, amitta)는 종교적인 길을 걷고 있는 벗으로 선우라는 의미에는 훌륭한 벗과 종교적인 충고자라는 뜻이 내포되어 있다(안양규, 2013).

5. 삼귀의례(三歸依禮)

삼보에 대한 귀의(歸依) = 수도의 실행

삼귀의는 진리를 깨달은 부처님, 부처님이 가르치신 진리, 부처님의 진리를 실천하는 상가에 귀의하는 것이다(이와모도 유다까, 1987).

1) 귀의불 양족존(歸依佛 兩足尊)

거룩한 부처님께 귀의합니다. 양족은 복덕과 지혜를 의미한다. 즉, 지혜와 복덕을 구족한 부처님께 귀의합니다. 붓다에 귀의 한다는 것은 붓다를 모범으로 삼는 삶을 산다는 뜻이다.

2) 귀의법 이욕존(歸依法 離欲尊)

거룩한 가르침에 귀의합니다. 즉, 일체의 욕망을 벗어난 가르침에 귀의합니다. 불법(다르마)에 귀의한다는 것은 붓다의 가르침을 삶의 지침으로 삼는다는 뜻이다.

3) 귀의승 중중존(歸依僧 衆中尊)

거룩한 스님들께 귀의합니다. 모든 스님들(승가, 사부대중)께 귀의합니다. 상가에 귀의 한다는 것은 승려들의 경우 계율을 지키겠다고 서약하고 출가수행자 공동체의 일원이 된다는 뜻이다(화엄선원, 2015: Roy Robson, 2011).

"그대의 삶은 이제 끝에 이르러
죽음의 곁에 가까이 와 있다.
그러나 가는 도중에 쉴 곳도 없는데
그대에게는 긴 여정에 쓸 노자마저 없구나.

그러므로 자신의 귀의할 곳을 스스로 만들라.
열심히 정진하여 지혜로워라.
더러움을 씻고 죄에서 벗어나면
삶과 늙음에 속박되지 않으리."

〈법구경〉

Check Point 재가불자의 삼귀의례의 의미

귀의란 돌아가서 의지한다는 뜻이다. 불자들이 성스러움과 소통하는 방식은 삼보에 귀의하는 것이다. 재가불자들은 승려들에게 보시하여 선행을 닦고 승려들을 수행의 모범으로 삼아 정진한다는 뜻이다(Roy Robson, 2011).

6. 사홍서원 = 모든 보살의 마음가짐

1) 衆生無邊誓願度

이 세상에 중생의 수가 아무리 많더라도 한명도 빠짐없이 구제하겠다는 맹세이다. 즉, 고통 받는 이세상의 중생들의 수가 한이 없다 할지라도 한명도 빠짐없이 모두 제도하겠다는 맹세이다.

2) 煩腦無盡寶鷹顧

인간의 마음속에 끊임없이 나타나는 무수한 모든 번뇌를 완전히 끊겠다는 맹세이다. 번뇌가 한이 없다 할지라도 모두 끊겠다는 맹세이다.

3) 法門無置醫願學

붓다의 가르침을 모두 배우겠다는 맹세이다. 즉, 부처님의 가르침이 한량없지만 열심히 정진하여 모두 배우겠다는 맹세이다. 부처님의 가르침은 팔만사천 법문이라 불릴 정도로 방대한 양으로 설해지고 있다(홍성민, 2000).

4) 佛道無上誓願成

이 세상에서 가장 존귀하고 가장 뛰어난 불도를 성취하겠다는 맹세이다. 즉, 불도를 온전히 달성하겠다는 맹세이다.

Check Point 서원(誓願)

서원(誓願)이란 중생을 구제하겠다는 맹세를 의미한다.

Check Point 발원

발원이란 부처님께 올리는 서원으로 부처님처럼 살아가겠다는 다짐이다.

Check Point 사홍서원에서 衆生無邊誓願度이 가장 먼저인 이유

사홍서원에서 衆生無邊誓願度이 가장 먼저 제시된 이유는 무엇보다 불교의

이타행을 강조하기 위함이다(안양규, 2013).

Check Point 삼귀의와 사홍서원의 관계

불자들은 삼귀의를 맹세한 뒤 4홍서원을 세운다. 불자(佛子)들은 불(佛), 법(法), 승(僧), 삼보에 귀의하고, 4홍서원의 원력을 세워야 한다.

Check Point 참회

참회(懺悔)는 미망(迷妄)하여 어리석게 화내고 탐하여 지은 잘못을 회개하는 것으로 다시는 같은 잘못을 범하지 않겠다는 다짐이다. 참회의 참(懺)은 과거에 알게 모르게 지은 죄를 뉘우치는 것이다. 회(悔)는 미래에 범할 수 있는 잘못을 미리 예방하는 것을 의미하고 다시는 잘못을 되풀이하지 않겠다는 다짐을 의미한다. 따라서 가치관과 일상 생활의 변화가 없는 참회는 진정한 참회가 아니다.

> "만약 죄를 지었으면 숨기지 말아야 한다.
> 숨기지 않으면 죄가 가벼워지고, 스스로 부끄러움을 느끼면
> 그 죄악 자체가 사라지게 된다."
>
> 〈열반경〉

Check Point 이고득락(離苦得樂)

이고득락(離苦得樂)은 고통의 원인을 없애 괴로움에서 벗어나 즐거움을 얻는 것.

Check Point 전미개오(轉迷開悟)

전미개오(轉迷開悟)는 미혹하고 어리석음을 깨우쳐 깨달음을 얻는 것.

Check Point 혁범성성(革凡成聖)

혁범성성(革凡成聖)은 범부적인 요인을 혁신하여 성불하는 것.

제4부

붓다

제1장 부처님의 생애

1. 부처님의 출가전 삶

부처님은 지금으로부터 약 2,500여 년 전 현재 인도 북쪽 네팔 남쪽의 카필라국의 숫도다나왕과 마야부인 사이에서 탄생하셨다. 부처님의 모친이신 마야부인은 부처님이 태어나신 지 7일 만에 세상을 떠나시고 부처님은 이모인 마하파자파티에 의해 양육되었다. 부처님은 17세에 야쇼다라 공주와 결혼하였고, 29세의 나이에는 아들 라훌라가 태어났다.

2. 부처님의 출가

부처님은 성장하면서 어느 날 왕궁의 네 성문으로 나가 삶의 다양한 실상을 목격하는데 이 과정속에서 부처님은 출가를 결심하게 된다.

부처님은 왕궁의 동문으로 나가 노인(老人)을 만났고 남문으로 나가 병자(病者)를 만나고 서문으로 나가 죽은 사람(死者)을 목격하고 북문으로 나가 수행자를 보게 되었다. 이를 사문출유(四門出遊)라고 한다. 싯다르타의 부왕은 아들이 출가하지 않도록 온갖 수단을 동원하였지만 싯다르타는 출가하여 종교 지도자가 되었다(안양규, 2013).

부처님은 29세 때 마부 차타카를 데리고 애마 칸타카를 타고 왕궁을 나와 출가하였다. 부처님은 출가하여 6년간의 고행(苦行)을 하였으나 깨달음을 얻기 위한 수행에 고행과 쾌락의 양극단을 피해야 한다는 중도(中道)를 깨닫고 6년간의 고행을 포기하였다. 그 이후 붓다가야 핍팔라(보리수)나무 아래서 결가부좌를 하고 깊은 명상에 잠겨 35세에 깨달음을 얻으셨다.

Check Point 룸비니(Lumbini)

룸비니(Lumbini) 동산은 부처님의 모친인 마야부인의 친정인 콜리성으로 가는 중간에 있는 부처님의 탄생지이다(화엄선원, 2015).

Check Point 싯다르타의 미래에 대한 예언

싯다르타가 탄생한 지 며칠 지나지 않아 선인이 싯다르타의 미래를 예언한다. 그 선인은 싯다르타가 출가하여 도를 닦으면 위대한 깨달음을 얻은 성자가 될 것이고 그렇지 않고 세상에 있으면 이상적인 군주인 전륜성왕이 될 것이라고 예언한다(안양규, 2013).

석존의 일대기

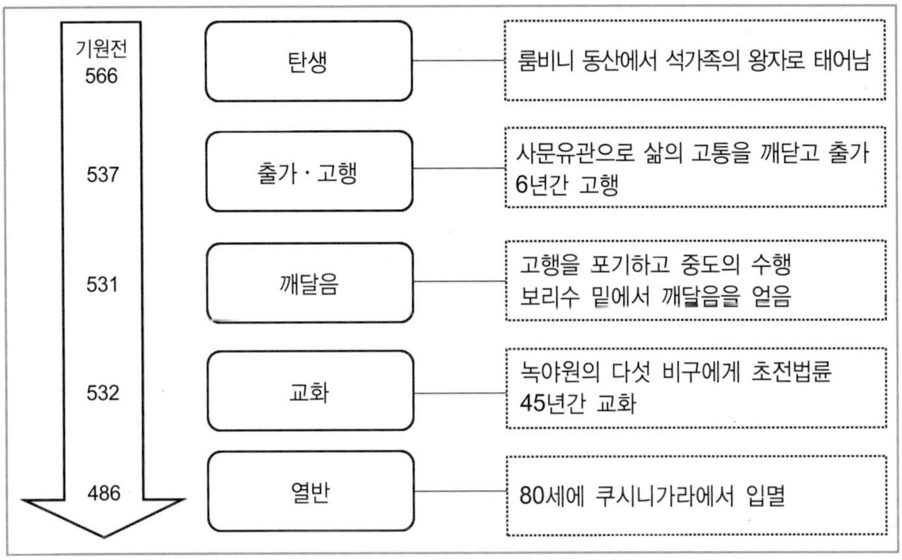

자료: 소운(2014)

Check Point 싯다르타의 고행

6년동안 싯다르타는 다음과 같은 극도의 고행을 하였다. 호흡을 멈추는 훈련, 공동묘지를 잠자리로 삼아 자고, 아무것도 먹지 않거나 소의분뇨를 먹는 고행을 하였다(Roy Robson, 2011).

제2장 부처님의 가르침

1. 붓다 = 스승 = 진리의 안내자

붓다는 참다운 스승으로 지식을 주입하거나 신앙을 강요하지 않고 제자들의 질문에 제자들의 눈높이에 맞게 알기 쉽게 대답하여 제자들을 진리의 세계로 인도하였다. 붓다는 80의 고령에도 불구하고 입멸 직전 제자들에게 불법에 관해 의문이 있으면 자유롭게 질문하라고 세 번씩이나 요청하는 스승으로서 참된 모습을 보여 주셨다.

Check Point 如來는 유일한 스승이다

법구경에 있는 "如來는 유일한 스승이다."의 참된 의미는 무엇인가?
여래(如來, Tathagata)는 진리를 여실히 깨달은 분이라는 뜻이다.

Check Point 자기 자신을 자신의 섬으로 삼으라

붓다는 제자들에게 자신은 단지 길을 안내하는 사람에 불과하다고 말씀하시고 제자들이 붓다에게 의존적인 수행을 해서는 안된다고 하셨다. 붓다는 제자들에게 "너희들 개개인은 자신을 자신의 섬으로 만들지, 다른 어떤 것도 의지처로 삼지 말라. 너희들 개개인은 불법을 자신의 섬으로 만들지, 다른 어떤 것도 의지처로 삼지 말라"고 하셨다.

붓다의 이러한 말씀은 자신의 문제는 자신이 자주적으로 풀 수밖에 없고 붓다는 단지 진리의 길로 안내하는 안내자임을 분명히 하셨다(안양규, 2013).

"살아가면서 자신보다 낫거나
자신에게 알맞은 벗이 없거든
차라리 혼자서 외롭게 길을 가라
어리석은 사람과 인생의 길동무가 되지 말라."

〈법구경〉

2. 붓다 = 의사?

고대 인도인들은 붓다를 의사에 비유하였다. 의술을 구성하는 것은 첫째가 병이다. 병이 있기 때문에 의사가 필요하다. 둘째는 질병의 원인이다. 병을 치료하기 위해서는 질병의 원인을 알아야 한다. 셋째는 병이 없는 건강한 몸이다. 넷째는 병을 고치는 약이다(水野弘元, 2002).

붓다의 가르침 방식을 명의의 의술과 비유하면 다음과 같다. 명의가 환자의 병을 정확하게 진단하고, 환자의 병을 치유할 수 있는 적절한 처방을 내려 환자의 질병을 낫게 해주듯이 붓다도 삶에서 고통을 겪고 있는 중생들이 고통으로부터 벗어나는 길을 인도해준다.

의사가 개별 환자에게 처방을 하면 환자가 그 약을 복용해야 병에서 낫듯이 중생들도 붓다의 가르침에 따라 수행해야 고통으로부터 벗어날 수 있다. 붓다는 중생에게 삶의 고통에서 벗어나는 길을 제시할 뿐이고, 중생을 직접 고통에서 구원할 수는 없다. 약을 복용하고 몸관리를 하는 것은 환자의 몫인 것처럼 수행은 개별 중생의 몫이다.

3. 붓다의 설법의 특징

붓다는 중생들의 고통을 집단적으로 해결하지 않고 중생들이 각자의 문제를 개별적으로 붓다에게 질문하면 붓다가 개인에게 맞는 답을 하는 문답을 통해 문제를 해결하였다. 또한 붓다는 기적, 점술, 초능력과 같은 신비적인 설법이 아닌 언어에 의해 이성적으로 상대방의 능력에 알맞게 설법을 하였다, 이처럼 붓다의 설법은 개별적 문답을 통해 이성적으로 문제를 풀어 나갔다.

"먼저 자기 자신을 바르게 갖추고
다음에 남을 가르쳐라.
다스리기 어려운 자신을 일깨우지 않고
어떻게 다른 사람을 일깨울 것인가!"
〈법구경〉

"쓸모없이 내뱉은 많은 말보다 들으면 마음이 평온해지는
진정한 한마디의 말이 훨씬 뛰어난 말이다". 〈법구경〉

4. 出世間事 〉 世間事

붓다는 경제적, 물질적 행복은 정신적 행복의 16분의 1의 가치에도 미치지 못한다고 가르쳤다. 붓다는 물질은 육체의 유지를 위해 필요한 것이지만 그것이 종교적 삶과 전혀 관계가 없다면 무의미하다고 보았다. 붓다는 세간의 세속적인 문제보다는 세간의 세속문제를 뛰어넘는 출세간 일에 더 관심을 가졌다.

Check Point 초전법륜(初轉法輪)

초전법륜(初轉法輪)은 붓다가 녹야원에서 다섯 비구에게 최초로 설법한 것을 말한다.

5. 사회문제에 대한 붓다의 관점

붓다는 사회문제가 발생하는 본질적인 이유는 그 사회를 구성하고 있는 개인의 이기심 때문이라고 보았다. 따라서 붓다는 사회문제를 해결하기 위해서는 사회의 변혁보다 개인의 수행을 통한 개인의 변혁이 우선되어야 한다고 설법하였다(안양규, 2013).

Check Point 自燈明 法燈明

자등명 법등명(自燈明 法燈明)은 부처님의 최후의 유훈(遺訓)이다. 자기 자신을 등불로 삼고, 자기 자신을 의지하여라, 진리를 등불로 삼고, 진리에 의지하여라.

Check Point 불교의 4대 성지(聖地)

불교의 4대 성지는 부처님이 탄생하신 룸비니 동산, 성도하신 붓다가야, 초전법륜하신 녹야원(사르나트), 열반에 드신 쿠시나가라를 말한다.

Check Point 불교의 4대 재일(齋日)

불교의 4대 재일은 부처님의 탄생일인 음 4월 8일 (BC 624년경), 출가재일인 음 2월 8일, 성도재일인 음 12월 8일, 열반재일인 음 2월 15일을 말한다(화엄선원, 2015).

제5부

불교의 근본 사상

제1장 삼법인과 사법인

1. 법인설(法印說) = 불교의 근본교의

법인(法印)은 진리를 의미한다. 불교에서 인(印)은 확실하여 변경할 수 없는 것으로 불변의 진리를 의미한다. 법인(法印)이란 불교의 근본 교의를 말하는 것으로 불법(佛法)은 영원한 진리라는 것을 의미한다.

2. 삼법인(三法印) = 세가지 진실한 가르침 = 불교의 근본 사상

삼법인은 방대한 부처님의 가르침을 세가지로 집약한 것이다. 삼법인은 불교의 가장 근본적인 가르침이다(홍성민, 2000). 인간이 어떤 일을 처리할 때 도장을 찍는다는 것은 분명하고 확실하여 틀림이 없음을 나타낸다. 삼법인의 세가지 진리도 분명하고 확실한 진리라는 의미이다. 삼법인은 세상의 모든 존재들이 공통적으로 갖고 있는 특성을 밝힌 부처님의 가르침이다(대한불교 조계종, 2002).

삼법인

제행무상	• 세상의 모든 것은 영원하지 않음
제법무아	• 오은에는 자아가 존재하지 않음
열반적정	• 무상과 무아를 깨달으면 고통이 사라지고 열반에 다다름

자료: 소운(2014)

1) 제행무상(諸行無常: Aniccca)

제행무상은 세상의 모든 것은 항상(恒常)함이 없고 계속 변화한다는 의미이다. 일체의 모든 것은 흐르는 시간 속에서 한 순간도 멈추지 않고 변화하고, 변화하는 과정속에 있다는 가르침이다.

2) 제법무아(諸法無我: Anatta)

제법무아는 세상의 모든 것은 인연에 의해 만들어지고, 인연에 따라 변하고, 인연이 다하면 소멸하므로 세상에는 고정불변하는 실체가 없으므로 고정된 나, 영원한 나는 존재하지 않는다는 개념이다(대한불교 조계종, 2002).

세상의 모든 변화하는 것에는 나라는 고정된 실체가 없다. 세상의 모든 것은 인연법에 의해서 모이고 흩어지므로 실체가 없다.

"모든 것은 무상하다(一切行無常)
지혜로운 사람은 지혜의 눈으로 이 이치를 본다.
모든 괴로움을 떠나려하거든
도를 행하여 그 마음을 맑게 하여라.

모든 것은 괴로움이다(一切衆行苦).
지혜로운 사람은 지혜의 눈으로 이 이치를 본다.
모든 괴로움을 떠나려하거든
도를 행하여 그 마음을 맑게 하여라."

〈법구경〉

3) 열반적정(涅槃寂靜: Nirvana)

열반적정은 불교의 이상적인 경지인 생사, 윤회의 모든 괴로움이 떠난 열반에 이르는 것이 최상의 경지이다는 가르침이다(화엄선원, 2015).

4) 사법인 = 삼법인 + 일체개고

일체개고(一切皆苦: Dukkha)는 모든 것이 무상하기 때문에 괴롭다는 가르침이다. 산다는 것은 고통이다. 세상의 모든 것은 변하고 모든 변화하는 것은 무상하고 괴롭다. 특히 무상한 것을 무상한 것으로 못보고, 무아인 것을 무아인 것으로 못보고 영원한 나의 것이 없음에도 흘러가기 마련 인 것을 붙잡아 두려고 집착하는데서 모든 괴로움이 생긴다는 가르침이다(대한불교 조계종, 2002).

Check Point 사법인의 의미

세상의 모든 것은 시간적으로는 무상(無常)하고, 공간적으로 무아(無我)이다. 이러한 진리를 모르면 고해(苦海)에 빠져 고통을 겪게 된다. 그러나 진리를 깨닫고 헛된 마음을 버리면 열반에 이르게 된다(홍성민, 2000).

Check Point 제행무상과 혁신

제행무상(諸行無常)은 세상 모든 것은 고정된 것은 하나도 없으며 인연법에 의하여 일시적으로 존재하고 있는 것에 불과하다. 따라서 어떤 것에 집착해서 변화를 주저해서는 안된다. 변화하는 환경 속에서 머무르지 말고 부단히 혁신해야 한다(윤성식, 2010).

제2장 사성제

1. 사성제(四聖諦)의 의미

사성제 = 네가지 성스러운 진리
= 고(苦), 집(集), 멸(滅), 도(道)
= 붓다의 모든 가르침을 포괄

부처님께서 파악하신 현실의 고통은 무엇인가?
그 고통은 어디에서 오는가?
그 고통을 소멸하는 방법은 무엇인가?

사성제(四聖諦)는 불교 가르침의 핵심으로 삶은 고통이고, 고통은 탐욕에서 비롯되며, 고통은 없앨 수 있고, 고통을 없애기 위해 따라야 할 성스러운 길이 있다는 것이다. 사성제는 붓다가 깨달은 진리로서, 불교사상의 핵심 중 하나이다.

붓다는 인생을 고통으로 보았고 고통에서 벗어나기 위한 방법으로 사성제와 팔정도를 가르쳤다(이와모도 유다까, 1987). 제(諦)는 진리를 뜻하는 것으로 사성제(四聖諦)는 고통에서 벗어나서 깨달음을 얻는 네 가지 성스러운 진리를 말한다.

고성제(苦聖諦) = 삶의 고통 = 두카(duhkha)
집성제(集聖諦) = 고통의 원인 = 고통이 발생하는 원리
멸성제(滅聖諦) = 고통의 소멸 = 고통이 소멸하는 원리
도성제(道聖諦) = 고통의 소멸에 이르는 길

4제	고제	자각이 없는 고뇌의 현실세계	果	유진연기
	집제	현실세계의 원인과 이유	因	
	멸제	자각이 있는 이상세계	果	환멸연기
	도제	이상세계의 원인과 이유	因	

자료: 水野弘元(2008)

2. 고성제(苦聖諦) = 고통의 현실세계

고성제(苦聖諦)는 인간의 존재 현실은 고통의 세계라는 것을 명확히 인식하는 것이다. 고성제는 미혹에 가려져 있는 이 세상의 모든 것은 다 고통이라는 것을 인식하는 것이다. 세상에서 느끼는 기쁨은 잠시뿐이고, 결국은 사라지고, 세상은 고통이다는 고통을 자각하는 것이 고성제이다.

1) 사고(四苦) = 생·노·병·사(生老病死)

사람이 태어나고, 늙고, 병들고, 죽는 네 가지 고통을 4고(苦)라고 한다. 인간의 삶의 생 · 노 · 병 · 사(生老病死) 모든 과정에 대한 고통의 인식이 사성제의 첫 단계이다. 불교의 모든 수행은 여기에서 시작된다. 고통의 실체를 직시해야 고통을 벗어날 수 있다(불교신문, 2008).

"초대하지 않았어도 인생은 저 세상으로부터 찾아왔고,
허락하지 않아도 이 세상으로부터 떠나간다.

찾아왔던 것처럼 떠나가는데
거기에 무슨 탄식이 있을 수 있으랴." 〈본생담〉

2) 팔고(八苦) = 사고(四苦) +....

(1) 원증회고(怨憎會苦)

원증회고는 미워하고 싫어하는 대상과 만나는 고통이다.

(2) 애별리고(愛別離苦)

애별리고는 사랑하고, 좋아하는 대상으로부터 분리되어 헤어지는 고통이다.

"사랑하는 사람과 만나지 말라. 미운사람과도 만나지 말라.
사랑하는 사람은 못 만나서 괴롭고 미운사람은 만나서 괴롭다."
〈법구경〉

(3) 구부득고(求不得苦)

구부득고는 구하고 바라는 것을 얻지 못하는 고통이다.

(4) 오음성고(五陰盛苦)

오음성고는 인간이 무상한 육신(5음(陰), 5온(蘊))의 본능에 집착하는 데서 발생하는 고통이다(화엄선원, 2015).

"애증에서 벗어나라.
사랑하는 것을 향해 가지 말고 미워하는 것을 만들지 말라
사랑하는 것은 보지 못해서 근심하고
미워하는 것은 보면 근심한다.

그러므로 사랑을 만들지 말라.
애증으로 말미암아 미움이 생겨나는 것이니
이미 그 결박으로부터 벗어난 사람은
사랑하는 것도 미워하는 것도 없네."
〈법구경〉

Check Point **자기자신으로부터 발생하는 고통**

팔고 중에서 오음성고는 자기자신으로부터 발생하는 고통으로서 인간의 심신(心身)에 대한 과도한 집착에서 발생한다.

Check Point **다른 대상과의 관계에서 발생하는 고통**

팔고중에서 애별리고, 원증회고, 구부득고는 인간이 살면서 관계 맺는 외적인 대상과의 관계에서 발생하는 고통이다(불교신문, 2008).

3. 집성제(集聖諦) = 고통의 원인 = 집착

십성제는 고통의 원인를 말하는 것으로 고통이 어떻게 발생하고 고통의 원인이 무엇인가를 밝히는 것이다(대한불교 조계종, 2002). 집성제는 고통의 원인에 대한 확실한 인식을 말한다. 집(集)은 불러 모은다 또는 함께 모여 발생한다는 의미로 집성제는 고통의 원인이 구하고 탐내는 탐진치의 마음이 그치지 않는 집착에 있다고 설명하고 있다. 집성제(集聖諦)는 고(苦)의 원인이 탐욕과 집착에 있음을 인식해야 된다는 것이다(김광수, 2013).

집성제는 고통의 원인이 갈애(渴愛)에 있다고 본다. 갈애는 뭔가를 결렬하게 원하는 것이다. 갈애는 어떤 대상이 필요해서 원하는 것이 아니며 필요성과는 무관하게 원한다는 의미를 함축하고 있다(Roy Robson, 2011).

"생선을 싸면 생선비린내가 나고 향을 싸면 향냄새가 난다.
원인이 있으면 반드시 그 결과가 있는 것이다." 〈아함경〉

Check Point **세가지 형태의 갈애**

불교에서 말하는 3가지 갈애는 다음과 같다.
욕애(慾愛): 감각적 쾌락(맛, 촉감, 시각 등)에 대한 욕구
유애(有愛): 존재하고자 하는 욕구
무유애(無有愛): 괴로움이나 즐겁지 않은 것을 피하거나 없애고자 하는 욕구
(Roy Robson, 2011)

4. 멸성제(滅聖諦) = 이상세계 = 괴로움이 멸한 세계 = 해탈 = 열반

멸성제는 고통의 원인인 욕망을 끊어 고요한 상태를 말하는 것으로 멸성제는 고통의 현실세계가 아닌 이상세계로 현실세계의 번뇌와 고통이 모두 사라지고 소멸된 해탈의 열반을 의미한다. 멸성제는 고통의 원인이 모두 사라져 고통이 소멸된 평온한 해탈과 열반의 세계이다(불교신문, 2008) 불교가 추구하는 이상적인 목표인 열반 즉, 멸성제(滅聖諦)에 다다르려면 무엇보다 탐욕을 끊는 일이 중요하다(김광수, 2013).

5. 도성제(道聖諦) = 고통을 소멸하는 길 = 고통을 없애는 방법 = 열반에 이르는 길 = 팔정도

도성제는 고멸도성제(苦滅道聖諦)를 의미하는 것으로 번뇌와 고통이 없는 불교의 이상향인 열반에 도달할 수 있는 수행방법을 말하는 것으로 여덟 가지의 방도 즉, 8가지 수행방법 팔정도(八正道)를 말한다(김영애, 2007).

Check Point 사성제와 의사의 치료

인간의 고통을 소멸시키는 사성제(四聖諸)의 각각의 과정을 의사가 환자를 치료하는 과정과 비교하여 설명하면 다음과 같다.

사성제 중에서 고성제는 의사가 환자의 병의 상태를 살펴보는 진찰의 단계이고, 집성제는 의사가 병의 원인을 찾아내는 단계이고 멸성제는 질병이 치료된 건강한 상태이다. 그리고 도성제는 환자의 병을 치료하기 위한 처방의 단계이다(안양규, 2013).

고(苦)…범부의 현실 상태	병상(病狀)
집(集)…현실의 고통의 원인	병인(病因)
멸(滅)…자각이 있는 이상 상태	건강상태
도(道)…이상으로 도달하는 수단	치유의 건강법

자료: 水野弘元(2008)

Check Point **사성제 = 부처님의 최초의 설법 = 부처님 일생의 설법**

부처님은 성도 후 자신의 불법을 듣고 이해할 수 있다고 생각되는 다섯 비구를 찾아 최초로 사성제를 설법했다. 부처님은 최초의 설법을 통해 "진리는 괴로움의 인식이고, 괴로움의 원인을 잘 관찰하고 정확하게 인식한 사람은 고통에서 벗어난 사람"이라고 하셨다.

즉, 고통이 완전히 소멸된 열반의 세계가 현실의 세계와 분리되어 따로 존재하는 것이 아니다. 삶의 모습을 있는 그대로 지혜롭게 잘 보면 열반이이고, 잘못 보면 고통이다(불교신문, 2008).

제3장 팔정도(八正道)

1. 팔정도(八正道)의 의미

팔정도 = 행고(行苦)를 없애는 방법 = 일상 생활에서 실천
= 불교의 종합수행법, 불교수행의 요체, 불교 수행법의 토대
= 열반으로 이끌어 주는 최선의 길
= 8가지 바른 길

부처님의 가르침은 삶은 고통이다. 고통의 원인은 갈애이다. 고통은 없앨 수 있다, 고통을 없애주는 길은 팔정도이다(Roy Robson, 2011). 팔정도는 멸성제(滅聖諦)를 성취하는 수행 방법으로 팔정도의 수행덕목들은 괴로움의 소멸을 위해 서로 밀접하게 연관되어 있다. 8정도를 실천하면 개인의 인격완성을 이룰 수 있다(불교신문, 2008), (안양규, 2013). 깨달음은 엄격한 계율만으로는 충분하지 않고 정신통일을 위한 팔정도와 같은 명상법이 실천되어야 한다(이와모도 유다까, 1987).

8정도(八正道)	
• 정 견 (sammā-diṭṭhi)	바른 견해
• 정사유 (sammā-saṅkappa)	바른 생각
• 정 어 (sammā-vācā)	바른 언어적 행위
• 정 업 (sammā-kammanta)	바른 신체적 행위
• 정 명 (sammā-ājīva)	바른 생활
• 정정진 (sammā-vāyāma)	바른 노력
• 정 념 (sammā-sati)	바른 의식
• 정 정 (sammā-samādhi)	바른 정신통일

자료: 水野弘元(2008)

2. 正見 = 이해

정견은 사성제에 대한 올바른 이해를 의미하는 것으로 삶에 발생하는 고통의 발생과 소멸에 이르는 길을 바르게 이해하는 것이다(대한불교 조계종, 2002). 이처럼 정견은 바른 견해로 편견없이 바로 보는 것을 의미한다.

3. 正思惟 = 생각

정사유는 바른 생각, 바른 마음 가짐으로 화내는 생각, 남에게 해를 끼치는 생각 등의 바르지 않는 생각을 하지 않고, 자비로운 생각, 온화한 생각 등의 바른 생각을 하도록 노력하는 바른 마음 가짐을 말한다(대한불교 조계종, 2002).

> "바른 것을 생각하면 생각이 바르게 되고
> 생각이 바르지 못하면 바르지 못한 생각이 생겨난다.
> 지혜로운 사람은 바르지 못한 생각을 일으키지 않나니
> 항상 정도를 생각하여 지혜를 얻어라."
>
> 〈법구경〉

4. 正語 = 말

정어는 바른 말로 바른 올바른 언어생활을 하는 것을 의미한다. 늘상 되풀이 되는 언어생활에서 거짓말, 비난하는 말 등의 바르지 않은 언어생활을 하지 말

고 진실한 말, 따뜻한 말 등의 바른 언어생활을 하도록 노력하는 것이다.

5. 正業 = 행동

정업은 바른 행위, 바른 행동으로 살생, 도둑질과 같은 바르지 못한 행위를 하지 말고 선행 등의 바른 행동을 하도록 노력하는 것이다.

“아무리 아름답고 훌륭한 말도
실천하지 않으면 아무런 의미가 없다.” 〈법구경〉

6. 正命 = 생활, 직업

정명은 매일 되풀이 되는 일상생활을 바른 생활, 도덕적인 생활이 되도록 노력하며 바른 직업을 가져 바르게 의식주를 구하는 것이다.

7. 正精進 = 노력

정정진은 고통의 소멸을 위해 바르게 노력하는 것이다. 정정진은 일상생활속에서 탐, 진, 치의 번뇌가 발생하지 않도록 항상 미리 예방하는 노력을 하고 탐, 진, 치의 번뇌가 발생하였다면 번뇌의 실체를 바로 보고 원인을 찾아 번뇌를 벗어나는 바른 노력을 의미한다.

8. 正念 = 깨어있음

正念 = 깨달음의 증표 = Sati
= 바른 마음챙김, 바른 명심, 바른 기억, 바른 마음의 수행
= 유념

정념은 바른 마음 챙김, 바른 깨어 있음으로 신체, 느낌, 마음 등 모든 현상은 항상 변하고 불변하는 실체가 없다는 것을 항상 새기면서, 몸과 마음의 움직임을 깨어 있는 마음으로 주의를 집중해서 관찰하는 것이다(대한불교 조계종, 2002).

념(念)은 깨어 있음이고 정념(正念)은 바르게 깨어 있음이다. 정념의 상태가

되면 외부세계의 어떤 고통으로부터도 혼란되지 않고 평온해진다.

정념은 바른 마음챙김(mindfulness)으로 아무런 번뇌도 없는 고요한 상태이다. 정념은 깨달음의 결과이기도 하지만 깨달음으로 가는 수단이기도 하다. 정념의 수행을 위빠싸나 선(禪)이라고 한다(윤성식, 2010; 김영애 2007; 코즈에드워드, 1990).

Check Point 臨命終時 正念分明

"臨命終時 正念分明"
"임종하는 순간까지 깨어 있는 사람은 열반에 다다른 것이다."

〈대반열반경〉

9. 正定 = 집중

정정은 바른 선정, 바른 명상, 바른 집중, 바른 정신통일로 마음을 한 곳에 집중하여 마음을 고요하고 평정하게 유지하는 것이다(대한불교 조계종, 2002). 지혜는 마음의 집중을 통해 마음이 고요한 상태에서 생긴다.

"훌륭한 말에 채찍질을 하면 먼 길도 잘 달려갈 수 있는 것처럼
믿음과 계율과 정진으로 진리를 깨달아 지혜를 얻으면
삶의 고통으로부터 벗어날 수 있다."

〈법구경〉

Check Point 명상을 하는 이유

불교에서 명상을 하는 이유는 깨달음을 얻기 위해서이다. 특히 승려들은 명상수련에 집중하는 생활을 한다. 명상은 마음을 단련하는 것이다. 명상은 고도의 의식 상태로서, 사유와 감정 그리고 외부상황에 대한 인식이 활발하게 진행된다. 명상은 마음을 완전히 또렷하고 청정하게 하는 것으로 명상을 수련하기 위해서는 성욕, 분노, 교만, 그릇된 견해, 의심, 존재의 욕구, 어리석음과 같은 마음속 결절을 없애야 한다. 이러한 마음속의 결절들은 우리의 무의식속에 자리잡고 마음을 송두리째 장악해버린다. 명상의 높은 경지에 이르면 몸과 마음

을 자신의 의지대로 통제할 수 있다(Roy Robson, 2011).

"명상을 통해 지혜가 생긴다. 삶과 죽음의 두 길을 알고 지혜가 늘도록 자기 자신을 일깨우라." 〈법구경〉

Check Point 세속적인 윤리와 팔정도

팔정도가 세속적인 윤리와 가장 큰 차이점은 세속적인 윤리이외에 정념(바른 생각)과 정정(바른 정신통일)의 방법으로서 명상법을 제시하고 있다는 점이다 (이와모도 유다까, 1987).

Check Point 재가신자의 의무 = 팔정도 + 오계 + 육바라밀

재가신자는 팔정도(八正道), 오계(五戒)를 지켜야 하고 육바라밀(六波羅蜜)의 보살행을 실천해야 한다(홍성민, 2000).

Check Point 팔정도 = 중도를 구체적으로 말한 것 = 완전한 성인의 모습

불교에서는 궁극적인 목표인 열반을 얻기 위한 수행의 길도 극단적인 고행이나 쾌락적인 양극단의 행동을 피하고 중도를 실천해야 한다고 가르치고 있다. 불교에서의 수행지침인 중도를 구체적으로 행하는 것이 팔정도이다. 팔정도는 중도의 원리이다.

팔정도를 일상생활 속에서 지키고 행하는 것은 완전한 성인의 모습이다. 팔정도 수행을 통한 이상적인 인간상인 성인이 되는 것은 신의 구원을 받는 것이 아니고 자기 자신의 수행을 통한 것이다(안양규, 2013).

사정제와 팔정도

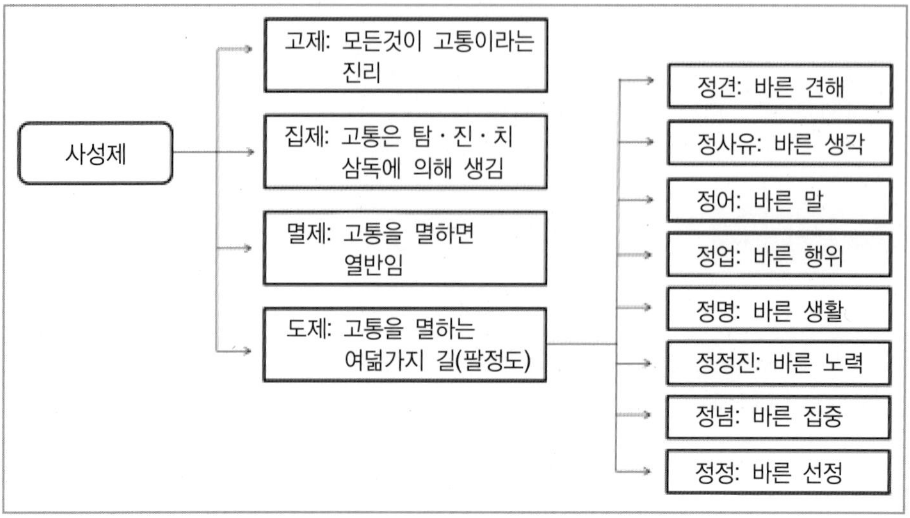

자료: 소운(2014)

Check Point 팔정도에 따라 산다는 것은

붓다를 따른다는 것은 붓다와 같이 팔정도에 따라 산다는 의미이다. 팔정도는 삶을 바꿀 길을 제시하고 있다. 바르게 살고, 바르게 생각함으로써 보다 더 깨달은 경지로 자신을 올릴 수 있다. 인간은 팔정도를 철저히 따름으로써 깨달음과 열반에 다다를 수 있다. 인간은 팔정도의 그 길을 가면서 자신을 포함한 세상 모든 것은 영구한 것이 없으며 무상하게 늘 끊임없이 변한다는 것을 깨달아야 한다(Roy Robson, 2011).

Check Point 외적 활동을 정화시켜주는 팔정도

팔정도 중에서 正語(바른 말), 正業(바른 행위), 正命(바른 직업)은 세속에서 반드시 지켜야 할 윤리덕목으로 다른 사람과 관계되는 외적인 활동을 정화시켜 준다.

Check Point 자신을 정화시켜주는 팔정도

팔정도 중에서 正精進(바른 노력), 正念(바른 명상), 正定(바른 정신집중)은 자신의 마음을 정화시켜주는 수행방법이다. 이 세 가지 수행방법은 분주하고 들뜬 마음을 차분하게 정화시켜주는 수행방법이다.

Check Point 지혜롭게 행동하게 해주는 팔정도

불교에서는 지혜를 강조하는데 팔정도에서 正見(바른 견해), 正思(바른 생각)는 지혜롭게 행동하게 해주는 수행방법이다(안양규, 2013).

Check Point 팔정도의 수행방법

팔정도는 부처님이 설법하신 수행방법으로 팔정도의 순서대로 실천해야 번뇌를 끊고 열반에 도달할 수 있다. 즉, 정견을 닦아야 정사가 생기고, 정사를 해야 정업이 이루어져 정정에 이를 수 있다. 궁극적으로 정정에 이르러야 지혜가 열려 열반에 도달할 수 있다(대한불교 조계종, 2002).

10. 팔정도와 경제 행위

무소유를 강조하는 불교에서는 재물을 무조건 멀리하는가?

불교에서는 현세의 재물을 지혜와 선업의 결과로 간주한다. 재물을 통한 보시는 선업을 쌓는 길이다.

1) 정념에 의한 경제행위

경제 행위에서 가장 중요한 부분 중에 하나가 합리적인 경제적 의사결정이다. 경제적 의사결정은 의사결정도 중요하지만 의사결정 과정도 매우 중요하다. 최근 들어 글로벌 경영환경에서 경쟁이 치열해지면서 신속한 의사결정이 기업의 사업 성패에 지대한 영향을 미치고 있다. 전 세계를 호령했던 징기스칸은 어떠한 경우에도 화가 난 상태에서는 중요한 결정을 하지 않았다고 한다.

기업의 최고경영자가 어떠한 마음 상태에서 중요한 의사결정을 하느냐는 매우 중요하다. 최고경영자가 마음이 정돈되지 않은 흥분되고 급한 상태에서 의사결정을 하게 되면 돌이킬 수 없는 실수를 할 수 있고 이러한 실수는 기업 경영에 악영향을 주어 최고경영자 뿐만 아니라 기업에 종사하고 있는 수 많은 종업원들에게 피해를 줄 수 있다. 또한 국가경제에도 악영향을 끼칠 수 있다.

따라서 최고경영자가 감각에 의해 영향 받지 않는 마음 챙김의 정념(正念) 상태에서 경제적 의사결정을 하고 행동해야 한다. 최고경영자가 정념을 갖고 있어야 경제적 의사결정을 할 때 주어진 정보에서 사물과 현상을 있는 그대로 볼 수 있는 여실지견을 가져 탐진치에 빠지지 않은 합리적인 의사결정을 할 수 있다(윤성식, 2010).

최고경영자가 탐진치에 의한 그릇된 욕망에 의한 경제적 의사결정을 한 경우 개별 기업뿐만 아니라 국가경제 발전과 합리적인 자원 배분을 저해 할 수 있다. 따라서 탐진치가 마음에서 떠난 평온한 정념 상태에서 경제적 의사결정을 하면 일시적이고 비합리적인 탐진치에 의한 경제적 의사결정의 실수를 줄 일수 있다.

2008년 미국의 서브프라임 모기지에서 발생된 금융자본주의 문제는 전 세계적으로 자본주의의 한계와 문제점에 대한 성찰의 목소리가 강해지고 있다. 금융자본주의 가장 큰 문제는 인간의 이기심과 탐욕이 출구와 브레이크도 없이 무한정 질주하는데 있다. 정념은 고요한 마음상태에서 무상한 탐욕과 이기심에 흔들리지 않고 합리적인 의사결정을 할 수 있다.

2) 정견에 의한 경제행위

정견(正見)은 사물을 있는 그대로 편견없이 바로 보는 것으로 최고 경영자가 정견을 갖고 있으면 경제 현상과 재물을 판단할 때 지나치게 평가 절상하거나 평가 절하하는 실수를 줄일 수 있고 경제행위에서 사전적으로 잘못된 선입관과 편견을 배제할 수 있다.

특히 경제와 재물에 대해 과도하게 집착하는 것도 많은 문제를 가져오지만 지나치게 부정적인 편견을 갖고 있으면 건전한 경제행위를 저해할 수 있다. 따라서 경영자는 정견을 갖고 경제현상과 재물을 있는 그대로 편견없이 바로 봐야 한다.

또한 경영자가 정견을 갖고 있으면 경영혁신에 앞장 설 수 있다. 최근들어 국내외 경영환경은 변화의 속도가 매우 빨라지고 있다. 제품수명주기가 급격히 빨라지고 있다. 이러한 치열한 경쟁 환경 속에서 기업들은 앞다투어 새로운 경영혁신을 추구해야 되는 절박함에 놓여 있다.

그런데 변화에 소극적이어서 시대의 변화에 동떨어진 개인과 기업이 있다. 개인이나 기업이나 모두 변화에 수동적인 이유는 현상을 있는 그대로 보지 않고 자신의 잘못된 가치관과 편견에 사로 잡혀 있기 때문이다.

변한 세상, 변해가고 있는 세상을 있는 그대로 볼 수 있는 정견이 있는 경영자는 경영환경의 변화를 있는 그대로 보고 변화 속에 발맞추어 뒤처지지 않고 변화를 선도하기 위해 경영혁신에 능동적이고 적극적인 경영혁신을 한다.

3) 정명에 의한 경제행위

생산자 주도의 경제에서 소비자 주도경제로 전환되면서 건전한 소비, 합리적인 소비에 대한 관심이 높아지고 있다. 특히 바른 경제생활에 대한 교육의 중요성이 부각되고 있다. 바른 경제생활에 대한 개념정립이 필요한 시점이다.

경제개발과 산업화시대에는 산업자본의 마련을 위해 근검 절약과 저축이 장려되었다. 그러나 최근 들어서는 소비도 미덕이라는 캐치플레이처럼 균형잡힌 경제발전과 삶의 질의 관점에서 소비의 중요성이 높아지고 있다. 바른 생활인 정명(正命)을 갖춘 사람은 경제행위에서 수입과 지출을 자신의 분수에 맞게 하여 지나치게 낭비하지 않고 야박하게 인색함이 없는 중도적 바른 경제생활을 할 수 있다

Check Point 宜自籌量 不奢不儉 是名正理養命

"宜自籌量 不奢不儉 是名正理養命"

지나치게 절약하는 것도 문제지만, 지나치게 낭비하는 것도 문제이다.

〈중아함경〉

집중이 잘 안되는 사람은 지혜를 얻을 수 없고
지혜가 모자라면 선정을 이룰 수 없다.
선정과 지혜를 함께 갖춘 사람은
실로 열반에 가까이 이른 것이다.

〈법구경〉

Check Point 삼업과 경제의사결정

정념, 정견, 정명에 의한 바른 경제 행위를 하려면 불자들은 신(身), 구(口), 의(意)의 삼업(三業)을 잘 다스려서 어떻게 행동하고, 어떻게 말하고, 어떻게 생각할 것인가를 항상 생각해야 한다. 의업(意業)은 생각 또는 사고와 관련된 것으로 불자들의 경제적 의사결정과 관련되고 신업(身業)과 구업(口業)은 불자들의 경제 행위와 관련된다(홍성민, 2000).

불자들은 일상생활 속에서 경제적 의사결정과 경제 행위를 할 때 신구업(身口業)에서 악업을 쌓지 말고 선업을 쌓도록 항상 조심해야 한다.

"마음을 다스려 말을 조심하고 다른 사람에게 피해를 주지 말라. 이 세 가지를 지키면 큰 복을 얻는다." 〈법구경〉

"말은 신중히 하고 마음을 잘 억제하며
몸으로 악을 짓지 않는다.
이와 같이 삼업을 청정하게 닦으면
도를 얻는다."

〈법구경〉

제4장 연기법(緣起法)

1. 연기(緣起)의 의미

연기(緣起)는 인연하여(緣) 결합해서 일어난다(起)는 의미이다. 이 세상의 모든 존재는 어떤 원인과 조건에 의해 생기고 소멸할 때도 원인과 조건에 의해 사라지게 된다. 이 세상의 모든 것은 서로에게 원인이 되기도 하고 조건이 되기도 하면서 상호의존적으로 존재한다는 것이다. 이 세상에는 우연히 생겨 독자적으로 존재하는 것은 없다. 인간과 인간, 자연과 인간은 서로 관계를 맺으며 존재하고 있다는 것이 연기법으로 이 세상의 모든 존재는 연기법칙에 의해 성립되었다. 연기(緣起)는 사물의 존재와 성립에 관한 법칙을 밝힌 것이다(김미숙, 2007: 대한불교 조계종, 2002).

연기(緣起)는 말미암아 발생한다는 의미로 인연생기(因緣生起)의 줄인 말이다. 모든 것은 어떤 조건과 인연에 따라 생긴다는 의미이다. 연기법은 이 세상의 모든 사물의 존재 법칙을 설명한 것이다.

이 세상의 모든 것은 어떤 원인과 조건에 의해 생겨난다. 따라서 그 조건이 사라지면 개별적인 실체도 사라진다. 개별적 실체가 독자적인 것이 아니고 어떤 원인과 조건과 관련되어 나타난다는 불교사상이다. 이세상의 모든 존재와 현상은 스스로 독자적으로 홀로 존재하는 것은 없고 원인과 조건이 서로 관계하여 존재한다.

즉, 이세상 모든 것은 그 자체의 독자적인 실체가 없이 공(空)하며 여러 가지 요인들이 서로 긴밀하게 연결되고 관련되어 이루어진 것에 불과하다는 사상이다(윤성식, 2010: 체르바츠키, 1994).

"이것이 있으므로 저것이 있고, 此有故彼有(차유고피유)"
"이것이 생성하므로 저것이 생한다. 此生故彼生(차생고피생)"
"이것이 없으므로 저것이 없고, 此無故彼無(차무고피무)"
"이것이 소멸하므로 저것이 멸한다. 此滅故彼滅(차멸고피멸)"

〈중아함경〉

연기설(緣起說)의 표

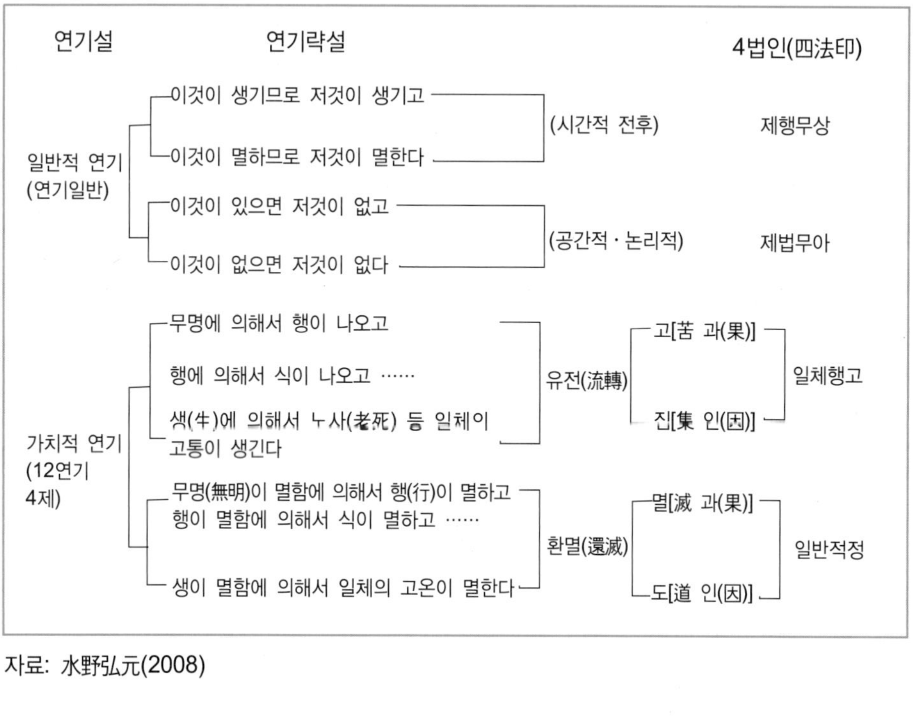

자료: 水野弘元(2008)

Check Point 연기법의 체득 = 지혜의 완성 = 정견

이 세상의 모든 것이 연기적으로 존재해 있음을 깨닫는 것은 팔정도의 첫 번째 덕목인 바른 견해인 정견을 갖고 있는 것으로 상호의존적인 만물의 존재 원칙을 헤아리는 지혜(智慧)가 생긴 것이다(불교신문, 2008).

"신체는 배와 같고 감정은 물과 같다.
물은 능히 배를 가라앉히고 뒤집을 수 있다.
물이 순종하면 배가 뜨고 불종하면 침몰한다". 〈선문보훈집〉

2. 12연기

12연기는 12가지 요소가 서로 인과 관계를 이루어 가면서 성립되는 것을 의미한다. 12가지 요소는 무명(無明), 행(行), 식(識), 명색(名色), 입(入), 촉(觸), 수(受), 애(愛), 취(取), 유(有), 생(生), 노사(老死) 등이다. 12연기는 12가지 요소가 서로 인과관계를 이루어 윤회, 전생하는 중생을 지배한다는 가르침이다(조계종, 2001).

12연기는 무명(無明)에서 시작하여 受, 愛, 取로 이어지는 집착의 연계고리를 수행에 의해 끊어야만 번뇌와 고통에서 벗어날 수 있다(윤성식, 2010).

인간이 이 세상의 모든 것이 무상(無常)하고 무아(無我)라는 진실을 알지 못하는 무명(無明)이 진리의 눈을 가리고 있기 때문에 번뇌가 발생하고 삶이 고통스러워진다. 무명이 소멸되면 고통도 소멸된다(高崎直道, 1988).

괴로움을 소멸시키는 길을 아는 사람

"괴로움을 모르고 괴로움이 생기는 원인도 모르며
괴로움을 남김없이 없애는 방법도 모르고
괴로움을 그치게 하는 길도 모르는 사람들.

그들은 마음의 해탈을 얻지 못하고 지혜의 해탈도 얻지 못한다.
그들은 윤회를 끊어 버릴 수 없다.
그들은 생과 늙음을 받는다.

그러나 괴로움을 알고 괴로움이 일어나는 원인을 알며
괴로움을 남김없이 없애는 방법을 알고
괴로움을 그치게 하는 길을 아는 사람들.

그들은 마음의 해탈을 이루고 지혜의 해탈도 구현한다.
그들은 윤회를 끊어 버릴 수가 있다.
그들은 생과 늙음을 받지 않는다."

〈숫타니파타〉

십이연기

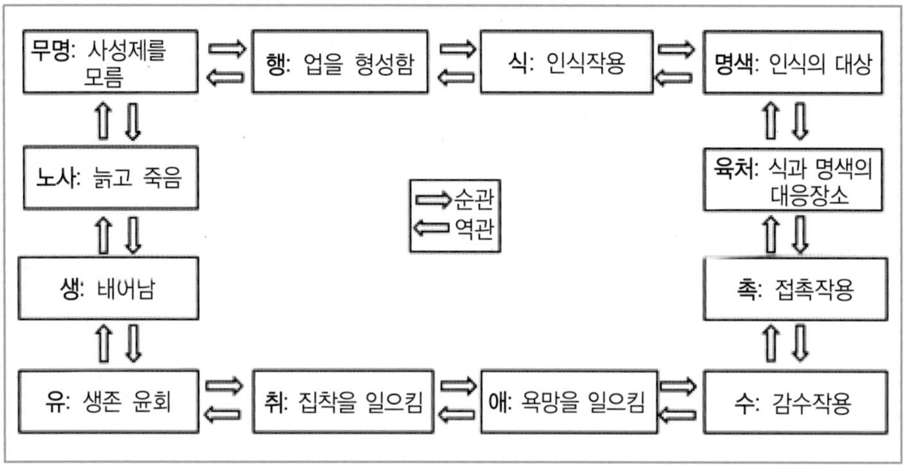

자료: 소운(2014)

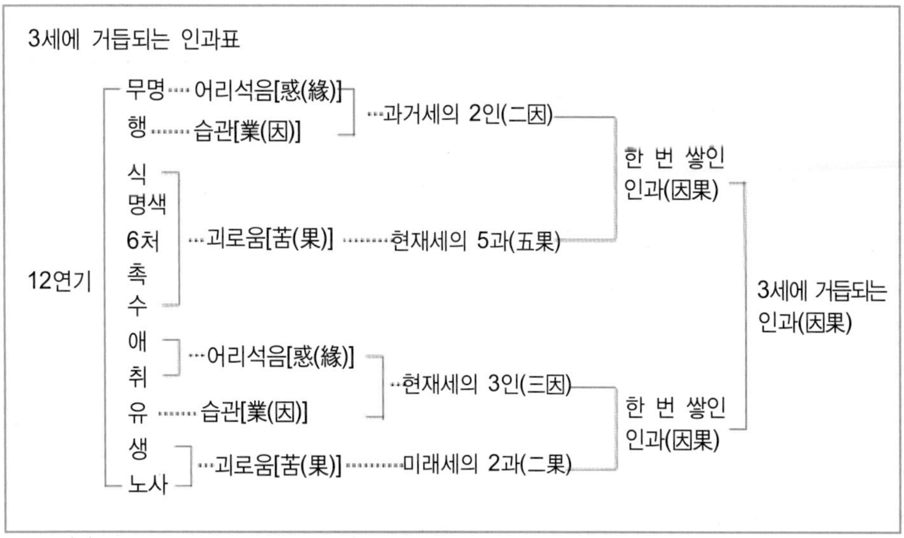

자료: 水野弘元(2008)

제6부

불교의 수행과 실천

제1장 삼학(三學)

1. 삼학(三學)의 의미

삼학 = 계(戒), 정(定), 혜(慧)

삼학(三學)은 불자가 성불하기 위해 지켜야할 수행방법으로 계(戒), 정(定), 혜(慧)이다. 삼학중에는 불자가 수행하여 닦아야 할 모든 덕목이 포함되어 있다(홍성민, 2000).

상좌부 불교에서는 인간이 고통으로부터 해탈하는 방법을 삼학(三學)의 논리로 설명하고 있다. 불교에서는 계율을 지켜 청정한 생활을 함으로써 심신을 맑게 하고 이로써 정신통일을 하고 이러한 통일된 정신에 의해 지혜를 얻어 고통으로부터 해탈할 수 있다는 것이다(이와모도 유다까, 1987).

2. 계(戒) = 계율

계(戒)는 심신의 조정이다. 인간이 절도 있고 규칙적인 생활태도를 견지함으로써 육체와 정신 양면을 정비하는 것이다(水野弘元, 2002).

계(戒)는 불자가 지켜야 할 규범이다. 계를 지키는 것은 마음을 맑게 하여 악을 막고 선을 가져온다. 계율을 지켜 심신을 조정할 수 있다(이와모도 유다까, 1987).

"홀로 앉고 홀로 눕고 홀로 다녀도
자신을 억제하며 몸을 바르게 하면
숲속에 살더라도 즐겁다."

〈법구경〉

3. 정(定) = 선정 = 정신통일

정(定)은 명상법을 실천하여 정신통일을 이루는 것이다(水野弘元, 2002).

이처럼 정(定)은 마음을 한 곳에 머물게 하여 고요하게 하고 정신을 하나로 통일시키는 수행법이다.

Check Point 좌선을 하는 이유

불교의 수행에서 좌선을 하는 이유는 부질없고 무상한 욕망에 휩싸여 망각하고 있는 청정했던 본래의 자성을 깨닫기 위해 무심(無心)의 경지로 가기 위해서이다. 선사상(禪思想)은 무아(無我)를 중요하게 생각한다. 즉, 좌선은 무심에서 참 자아를 만나는 수행이다(홍성민, 2000).

- 이미 일어난 악을 소멸시키기 위해서 노력 [斷斷]
- 아직 일어나지 않은 악을 행하지 않도록 노력 [律儀斷]
- 아직 일어나지 않은 선을 일어나도록 노력 [隨護斷]
- 이미 일어난 선을 한층 증대하도록 노력 [修斷]

자료: 水野弘元(2008)

4. 혜(慧) = 고도의 지혜

혜(慧)는 마음을 밝게 하는 지혜로 교법을 듣고 얻는 지혜인 문혜(聞慧), 생각하고 고찰하여 얻는 지혜인 사혜(思慧), 선정을 닦아서 얻는 수혜(修慧)를 의미한다(화엄선원, 2015).

"깊은 못은 맑고 고요해
물결에 흐려지지 않는 것처럼
지혜로운 사람은 진리를 듣고
마음이 청정하고 즐겁다."

〈법구경〉

Check Point 계와 정과 혜의 관계

삼학은 계(戒)와 정(定)을 실천하면 지혜를 얻을 수 있다는 것이다(水野弘元, 2002).

Check Point 팔정도를 계정혜 삼학으로 분류

광범위한 불교의 체계는 삼학(三學)으로 집약할 수 있는데 8정도의 체계 속에 계.정.혜의 삼학이 내재하여 있다. 계(정정, 정업, 정명), 정(정정진, 정념, 정정), 혜(정견, 정사유)이다(화엄선원, 2015: 안양규, 2013).

Check Point 팔정도와 삼학의 관계

팔정도를 더욱 단순화하여 요점만을 설명하고 있는 것이 삼학이다(水野弘元, 2002).

Check Point 삼독(三毒) = 탐(貪). 진(瞋). 치(痴)

삼독(三毒)은 불교에 귀의한 불자가 성불하려면 반드시 없애야 하는 3가지 독으로 탐내는 마음인 탐(貪), 화내는 마음인 진(瞋). 어리석은 마음인 치(痴)를 의미한다(화엄선원, 2015). 우리는 일상 생활 속에서 어리석은 마음으로 탐하고, 화내는 것이 독임을 모르고 행하고 있다.

제2장 육바라밀(六波羅密)

1. 육바라밀(六波羅密)의 의미

바라밀(波羅密) = 도피안(到彼岸)

바라밀(波羅密)은 지혜의 완성으로 피안(彼岸) 즉, 열반에 이른 상태를 의미하는 것으로 육바라밀(六波羅密)은 불자가 열반에 이를 수 있는 여섯 가지 수행 방편을 의미하는 것으로 6도(度)라고도 한다. 불자들은 자신의 서원을 완결하기 위해 6바라밀을 수행한다(안양규, 2013: 화엄선원, 2015).

6바라밀은 보시(布施), 지계(持戒), 인욕(忍辱), 정진(精進), 선정(禪定), 지혜(智慧)이다.

• 보시(布施) dāna	단나(檀那), 단(檀), 시(施)
• 지계(持戒) śīla	시라(尸羅), 시(尸), 계(戒)
• 인욕(忍辱) ksānti	산제(羼提), 인(忍)
• 정진(精進) vīrya	비리야(毘梨耶), 진(進)
• 선정(禪定) dhyāna	선나(禪那), 선(禪), 정려(靜慮)
• 지혜(智慧) prajnā	반야(般若), 지(智), 혜(慧)

자료: 水野弘元(2008)

2. 보시 바라밀

보시(布施) = 시여
= 재보시 + 법보시 + 무외시
= 베푸는 것

보시는 단나(檀那, Dāna)에서 유례된 말로 은혜를 베푼다는 의미이다(홍성민, 2000). 보시바라밀은 불자가 자비를 베푸는 행위를 의미하는 것이다. 보시란 자비심으로 인색한 마음을 끊고 중생을 사랑하는 마음으로 남을 위해 조건 없이 널리 베푸는 행위이다. 6바라밀 중에서 보시가 가장 먼저 제시되고 있는 것은 이타행의 중요성을 강조하고 있다(안양규, 2013). 보시바라밀의 종류에는 재보시, 법보시, 무외시가 있다.

1) 제보시(財布施)

재보시는 불자가 자비심을 갖고 자신이 소유하고 있는 재물로 하는 보시이다.

Check Point 재물이 없으면 보시를 할 수 없는가

보시바라밀은 불자가 자비심을 갖고 다른 사람에게 자비를 베푸는 행위인데 남에게 베풀 재물이 없다면 보시는 할 수 없는 건가? 불교에서는 다른 사람에게 자비를 베푸는 보시는 재물을 베푸는 재보시 말고도 불자가 재물이 없이도 남에게 자비심을 베풀 수 있는 일곱 가지의 보시(布施)를 말하고 있고 이러한 재물이외의 7가지 보시를 무재칠시보시(無財七施 布施)라고 한다.

보시는 물질을 가진 자가 물질을 못 가진 자에게만 주는 것이 아니다. 마음이 가난한 자에게 마음을 주는 것도 보시다(홍성민, 2000). 무재칠시보시(無財七施 布施)는 다음과 같다.

가. 신시(身施)

신시(身施)는 몸으로 다른 사람에게 봉사하는 것이다. 예를 들어 노약자를 보살펴 주는 행위라든가, 불우한 이웃의 집을 고쳐주는 행위 등은 신시에 해당된다.

나. 심시(心施)

심시(心施)는 어려운 상황에서 힘들어하는 다른 사람에게 진정으로 따뜻한 마음을 베푸는 행위이다.

다. 안시(眼施)

안시(眼施)는 다른 사람을 볼 때 다른 사람이 편안하게 느낄 수 있도록 시선처리를 하는 것이다.

라. 언시(言施)

언시(言施)는 다른 사람에게 말 한마디를 하더라도 친절하고, 가슴 따뜻한 말을 건네주는 것이다. 말 한마디가 그 어떤 금은보화보다 다른 사람에게 도움이 될 수도 있고, 다른 사람을 좌절시킬 수도 있다.

마. 좌시(座施)

좌시(座施)는 다른 사람에게 자리를 양보하거나 편안하게 해주는 것이다. 예를들어 지하철에서 노약자에게 자리를 양보하거나 자신의 사무실이나 집을 방문한 손님을 최대한 편안하게 배려하는 따뜻한 마음 씀씀이도 좌시이다.

바. 방시(房施)

방시는 머물 곳이 필요한 다른 사람에게 자신의 집에 묵게하게 하는 편의를 제공해주는 것이다. 방시는 친분있는 사람뿐만 아니라, 친분이 전혀 없는 나그네에게 자신의 집에서 편히 쉬어가게 하는 따뜻한 배려를 포함하고 있다.

동남아를 여행하다가 낯선 곳에서 거처가 마땅치 않을 경우 동남아 사원에서는 길손들에게 하룻저녁 묵을 방을 제공해주는 경우가 많다.

최근 들어 강추위와 폭설로 제주공항이 장기간 결항되어 관광객들이 제주도에 발이 묶였을 때 일면식도 없는 관광객들을 자신의 집으로 초대하여 묵게 해준 제주도민들의 따뜻한 배려는 방시의 좋은 사례이다.

2) 법보시(法布施)

법보시(法布施)는 보시 중에서 최고의 보시이다. 부처님이 설법하신 불법을 중생들에게 알려주고 가르쳐주는 것은 최상의 진리의 길로 인도하는 것으로 보시 중에 가장 중요하고 최고의 가치가 있는 보시이다.

보시를 크게 분류하면 재시(財施)와 법시(法施)로 구분할 수 있다. 불교에서 보시의 궁극적인 목적은 재시보다는 법시가 되어야 한다. 가장 큰 이유는 재시는 물질을 보시하는 것으로 물질은 일시적이고 본질적인 구제가 될 수 없지만, 법시는 깨우침을 주어 스스로 자력할 수 있는 완전한 구제가 되기 때문이다(홍성민, 2000).

"진리와 법은 영원하지만 세간의 물질은 없어진다." 〈금강경〉

Check Point 출가자와 재가자의 Give & Take

보시의 관점에서 보면 재가자는 출가자에게 재시(財施)를 행하고, 출가자는 재가자에게 법시(法施)를 베푼다.

3) 무외시(無畏施)

무외시(無畏施)는 중생들이 겪고 있는 두려움, 공포, 근심을 없애주어 마음의 평안을 주는 보시이다. 인간의 감정 중에서 가장 강력한 것이 공포이다. 이러한 강력한 감정인 공포를 없애주어 중생들에게 편안함과 고요함을 주는 무외시는 현대사회의 다양한 공포와 인간의 삶 자체가 주는 근원적인 공포에 힘들어하는 중생들에게 주는 값진 보시이고 불교의 종교적 역할에서 매우 중요한 보시이다.

Check Point 삼륜청정(三輪淸淨)과 무주상보시(無住相布施)

삼륜(三輪)이란 보시한 자(施者), 보시를 받은 자(受者)와 보시한 물건(施物)이 청정하다는 의미로 보시한 자가 주었으되(施空) 준 것이 없고(施物空), 보시를 받은 자가 받았으되 받은 것이 없는(受空) 이러한 베품보시의 정신을 삼륜청정이라고 한다. 삼륜청정(三輪淸淨)은 베푸는 자, 받는 자. 시물(施物)이 공덕을 바라지 않는 깨끗한 것이어야 한다는 것이다(이와모도 유다까, 1987).

불교에서는 이처럼 보시한 자가 재물 등의 자비를 다른 사람에게 베풀고도 자비를 베풀었다는 상이 없는 보시를 무주상보시(無住相布施)라고 한다(화엄선원, 2015).

보시는 베푸는 것으로 보시 바라밀은 베풀되 어떠한 대가도 없이 무조건적으로 베푸는 것으로 정신적인 것이든 물질적인 것이든 자신이 갖고 있는 것을 주저없이 베푸는 것이다(대한불교 조계종, 2002).

불교에서는 보시를 중요한 수행 방법 중에 하나로 보고 있는데 보시를 할 때 어떠한 생색이나, 대가를 바라고 해서는 안된다는 가르침이다.

Check Point 布施是菩薩淨土

보시시보살정토(布施是菩薩淨土)는 보시의 궁극적인 목적은 사회를 정화하고 불국토(佛國土)를 만드는데 있다는 것이다(維摩經). 따라서 보시는 단지 주는 것에서 끝나는 것이 아니고 보시함으로써 다른 사람이 교화되는 효과가 있어야 한다. 보시는 단지 베푼다는 것에서 머무르면 안되고 상대방과 사회를 교화시킬 수 있는 힘이 있어야 한다(김운학, 1982).

3. 지계 바라밀

지계(持戒) = 계를 지킴 = 절제

지계(持戒)는 불교의 계율을 지키는 것으로 불자들이 부처님의 계율을 엄격하게 잘 지켜서 일상 생활 속에서 바르게 살려고 노력하는 것이다(화엄선원, 2015: 안양규, 2013).

지계는 불자들이 계를 자발적으로 지키고 타인도 계를 지킬 수 있게 하는 것이다. 계를 지킨다는 것은 바른 생활 규범을 지킴으로써 생활 속에서 악업을 짓지 않고 몸과 마음을 바르게 하여 해탈의 토대를 마련하는 계기가 된다(대한불교 조계종, 2002).

수 많은 탐욕, 나태 등의 유혹이 많은 일상 생활 속에서 청정한 불교의 계율을 지키면서 하루하루 산다는 것은 쉽지가 않지만, 불자들은 지계함으로써 마음의 평온을 유지하고 값진 삶을 영위할 수 있다. 절제로 지계를 잘하는 불자는 경제생활에서도 절약과 검약을 하여 합리적인 경제생활을 할 수가 있다.

부처님은 제자들에 다음과 같이 말씀하셨다.

"계율을 등불로 삼아 열심히 정진하라"

"지혜로워 진리를 깨닫고
맑은 계행을 지키며 사는 사람은
중생들 가운데서 가장 존귀한 사람이다.
마치 뭇 별 속에 빛나는 달처럼"

〈법구경〉

4. 인욕(忍辱) 바라밀

인욕(忍辱) = 관용

인욕(忍辱)은 참기 어려운 것을 참는 것을 말하는데 참되 억지로 참는 것이 아니라 노여움과 원한을 없애고 잘 관찰하여 마음을 평안하게 하는 것이다(대한불교 조계종, 2002).

인욕(忍辱)은 인내하는 것으로 참기 어려운 것을 참아 마음을 평온하게 유지하는 것이다. 예를 들어 인간이면 누구나 한번쯤은 경험하게 되는 치욕 등의 온갖 욕됨을 참고 화내지 않는 것이다. 화내지 않는 것은 말뿐만 아니라 표정 화난 그 마음 자체를 가라 앉히는 것을 포함하는 의미이다(화엄선원, 2015: 안양규, 2013).

스트레스가 만연해 있는 현대 사회를 살면서 치욕 앞에서 인욕을 한다는 것은 쉽지가 않다. 그러나 인욕하는 것은 또 다른 화를 부르지 않고 자신뿐만 아니라 다른 사람을 편안하게 해주는 행위이다.

법구경에는 인욕과 관련하여 다음과 같이 말하고 있다.

"미움은 미움으로 없어지지 않는다. 미움은 오직 인욕함으로써 자비로써 극복되는 것이니 이것이 영원한 진리이다."

"몸을 억제하고 말을 삼가고
그 마음을 다스려라.
마음의 화를 버리고 도를 행하라.
인욕은 가장 큰 힘이다."

〈법구경〉

5. 정진(精進) 바라밀

정진(精進) = 정려

정진(精進)은 힘든 수행을 함에 있어 나태하지 않고, 성실하고 열심히 노력하는 것이다. 유혹 많은 삶 속에서 수행은 힘든 일이다. 정진은 이 힘든 수행을 뒤도 돌아보지 않고 주변에 물들지 않고 열심히 노력하는 것이다.

6. 선정(禪定) 바라밀

선정(禪定) = 삼매

선(禪)은 마음으로 사물을 생각하고, 정(定)은 한 곳에 생각을 가라앉히는 것이다. 선정은 마음을 하나의 대상에 집중하여 들뜬 마음을 가라앉히고 고요히 삼매에 드는 수행방법이다(대한불교 조계종, 2002).

선정(禪定)은 산란하고 번잡한 마음을 고요히 가라앉혀 번뇌를 사라지게 하여 마음을 통일시키는 것이다. 선정은 지혜를 얻어 성불하기 위해 마음을 닦는 수행으로 온갖 잡다한 생각과 어리석게 집착하고 있는 마음을 쉬는 수행이다.

Check Point 염력(念力)

염력(念力)은 온갖 망상과 번뇌를 벗어나 수행에만 전념하는 힘을 말한다.

7. 지혜(智慧) 바라밀

지혜(智慧)는 반야(般若)라고도 하는데 지혜는 배워서 얻는 지식과 달리 선정을 통해서 체득되는 것이다(대한불교 조계종, 2002). 지혜는 5바라밀의 토대가 되는 것으로 6바라밀 중에서 가장 중요하고 5바라밀을 주도적으로 이끌고 포용하는 역할을 한다. 불교에서는 깨달음의 참뜻은 지혜를 얻는 데 있다. 특히 6바라밀 중에서 선정과 지혜는 인간 본성의 심오함에 연결되어 있고, 재가자보다는 출가자의 몫이다(홍성민, 2000: 화엄선원, 2015).

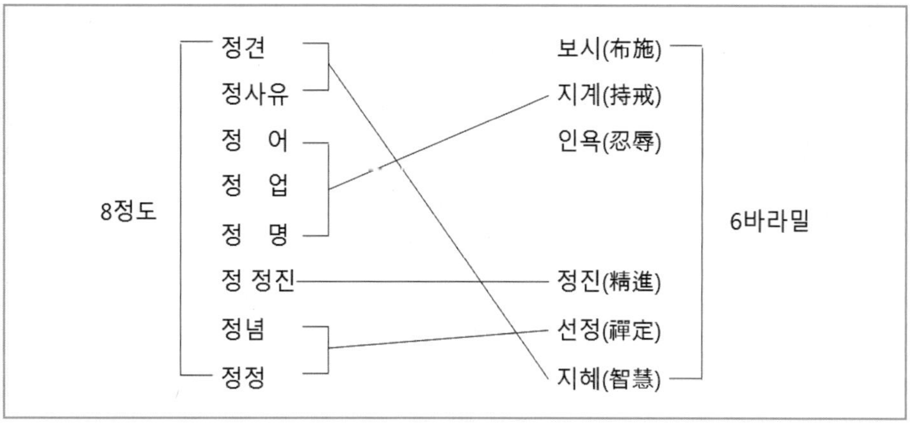

자료: 水野弘元(2008)

Check Point 혜력(慧力)

혜력(慧力)은 수행을 통해 지혜를 갈고 닦아서 어리석은 생각을 하지 않는 힘을 말한다.

Check Point 3귀의와 4홍서원과 6바라밀의 관계

3귀의와 4홍서원을 한 불자는 일상생활 속에서 6바라밀을 실천해야 한다.

Check Point 원(願)과 서원(誓願)

원(願)은 바란다는 의미이고 서원(誓願)은 바라는 것을 절실히 얻으려고 하는 희망을 말한다.

Check Point 발심원(發心願)

발심원(發心願)은 불자가 불교에 귀의하여 진리를 갈구하며 발심(發心)하는 것이다. 즉, 마음을 일으키는 것이다.

Check Point 대원(大願)

불교에서 대원(大願)은 불법과 중생을 위하여 몸을 바치겠다는 원이다.

당신의 대원은 무엇인가요?

Check Point 정혜쌍수

정혜쌍수는 선정과 지혜를 함께 닦는 불교의 수행법이다.

불교에서 교는 지식문이고 선은 실천문이다. 불교에서 수행을 할 때 선을 닦는 자는 선정에만 집중하고 교를 공부하는 자는 혜학(慧學)에만 편중되는 폐단을 막고자 선정과 지혜를 함께 닦는 정혜쌍수 수행을 한다.

"자신이 참으로 자신의 주인이다.
타인을 스승으로 삼지 말라.
잘 다스려진 자신을 스승으로 삼는 사람은
참된 진리의 법을 얻게 되나니."

〈법구경〉

Check Point 사섭법(四攝法)

사섭법(四攝法)은 중생을 교화하고 제도하기 위한 보살의 네 가지 자세 및 실천덕목이다.

가. 보시섭(布施攝)은 중생들에게 재물이나 부처님의 가르침을 널리 베푸는 것이다.

나. 애어섭(愛語攝)은 중생들을 대할 때 사랑스런 말로 대하는 것이다.
다. 이행섭(利行攝)은 중생에게 이익이 되게 선행을 하는 것이다.
라. 동사섭(同事攝)은 중생들과 함께 즐거워하고 고통도 함께 나누며 일하는 것이다.

Check Point 육바라밀, 사섭법 = 이타행

육바라밀(六波羅蜜). 사섭법(四攝法)에서 보시(布施)가 첫째 항목으로 있는 이유는 육바라밀에서 가장 중요한 것이 이타행(利他行)이기 때문이다(홍성민, 2000).

Check Point 4무량심(無量心)

4무량심(無量心)은 다른 사람을 대할 때 보살의 네 가지 바른 마음을 말한다.

가. 자(慈)의 무량심으로서 중생을 대할 때 밝은 모습으로 대하여 기쁨을 주려는 마음.
나. 비(悲)의 무량심으로서 다른 사람의 슬픔을 함께 슬퍼하고 슬픔을 없애 주려는 마음.
다. 희(喜)의 무량심으로서 다른 사람의 기쁨을 함께 진정으로 기뻐하는 마음.

라. 사(捨)의 무량심으로서 다른 사람을 대할 때 평등하게 대하는 마음.

(화엄선원 2015)

Check Point 복전(福田) 사상

복전(福田, puññakkheta)은 복을 생산해 내는 터전이라는 의미로 불교에서는 붓다를 최상의 복전이라고 하여 불복전(佛福田)이라고 한다. 또한 붓다의 제자인 승려에게도 승복전(增福田)이라고 하여 다양한 보시를 하였다.

Check Point 복전사상과 사회복지

복전사상에 의해 형성된 붓다나 승려에 대한 공양의 대상이 사회소외층까지 확산되어 사회복지가 향상되는 효과를 가져 왔다. 복전사상으로 인해 불자들은 승려에게 음식을 시주하는 것 이외에도 사찰과 탑을 건축하는데 시주하였고 여행자를 위한 우물 만들기 등 사회복지의 향상을 위한 노력을 하였다(안양규, 2013).

Check Point 불공(佛供)

불공(佛供)은 부처님께 올리는 공양이다.

Check Point 공양

공양이란 부처님께 올리는 것과 이웃들에게 불교의 가르침과 필요한 어떤 물건을 베푸는 것을 의미한다.

Check Point 발우공양(鉢盂供養)

발우(鉢盂)는 스님들께 공양할 때 필요한 그릇으로 발우공양은 승려들의 식사법이다.

Check Point 불교의 보시와 타종교 헌금제도

불교의 보시는 기독교의 십일조와 이슬람의 자카트(Zakhat)와 유사한 헌금제도(獻金制度)이다.

Check Point 육도 = 계고

원시불교에서는 인간이 잘못할 경우 육도(六道)인 지옥, 아귀, 축생, 아수라, 인생, 천상에 떨어진다고 하는 종교적인 계고(戒告)를 하고 있다(홍성민, 2000).

제7부

불교 경전

제1장 삼장(三藏)

불교경전 = 삼장(三藏)

1. 삼장의 의미

테라바다 불교 때부터 불교의 경전은 경장(經藏), 율장(律藏), 논장(論藏)의 세가지로 구성되어 삼장(三藏, Tripitakas)이라고 부른다. 삼장(三藏)은 세부류의 성스러운 문헌이라는 의미로 경(經), 율(律), 논(論)을 가리킨다(Roy Robson, 2011).

경전(經典)은 범어로 수트라(sutra)라고 하는데 불교경전은 부처님이 설법하신 것을 기록한 성전(聖典)이다. 불교의 초기 경전은 붓다의 언행록이라고 할 만큼 붓다의 불멸 전 역사적인 붓다의 모습을 상세하게 기록하고 있다(안양규, 2013).

Check Point 대장경(大藏經)

불교경전은 경장(經藏), 율장(律藏), 논장(論藏)의 삼장(三藏)으로 구성되어 있다. 장(藏)은 모아서 정리한 그릇이라는 뜻으로 대장경(大藏經)은 경장, 율장, 논장의 삼장을 모은 총칭이다. 이세상의 모든 진리가 그 속에 있는 큰 창고와 같다고 하여 대장경이라고 한다(화엄선원, 2015).

2. 경장(經藏)

경장은 붓다의 가르침을 기록한 것으로 붓다의 설법, 붓다의 전생에 관한 이야기 등이 기록되어 있다. 경장은 붓다의 입멸 직후부터 여러 차례 결집과정을 거쳐 성립되었다.

3. 율장(律藏)

율장은 수행자가 지켜야할 규범과 교단의 규칙에 관한 규정을 모아 놓은 것이다. 율장은 수행자가 지키고 따라야 할 교단의 생활수칙이다(조계종, 2001; Roy Robson, 2011). 율(律)은 교단의 입단규칙, 위반에 대한 벌칙, 수행의 방법을 규정한 것이다(高崎直道, 1988).

4. 논장(論藏)

논장은 승려와 불교 사상가들의 가르침으로 불교 사상가들이 경에 대해 해석하고 주석해 놓은 글들을 모아 놓은 것이다(Roy Robson, 2011) 논장은 후대의 승려들이 경장과 율장을 기초로 하여 불교의 교리 내용을 논의하고 분석한 내용이다(조계종, 2001).

"성스러운 경전을 아무리 많이 외울지라도
그에 따라 행동하지 않으면
남의 소떼를 세는 소몰이꾼과 같아
수행자가 될 수 없다.

성스러운 경전을 아무리 적게 외우고 있어도
부처님 가르침에 맞추어 행동하고
탐욕과 성냄과 어리석음을 벗어나
바른 깨달음을 이루어 마음을 해탈하여
모든 존재에 대해서 무심한 경지에 이르게 되면
진실한 수행자가 될 수 있다."

〈법구경〉

Check Point 아비달마

아비달마는 불교경전중에서 논장부분을 총칭하는 말이다.

Check Point 본생담(자타카)

본생담은 석가모니 부처님의 전생이야기를 적어 놓은 책으로 본생경이라고도 한다.

Check Point 위경(僞經)

위경(僞經)은 입멸 전에 부처님이 직접 설법하신 말씀이 아닌데 부처님이 설법하신 것처럼 위조한 경전을 말한다(화엄선원, 2015).

제2장 결집과 경전의 구성

1. 결집(結集)

결집(結集)은 불교의 경전을 불교 승단의 구성원들이 서로 확인하고 추인하여 후세에 전하는 수단이다. 부처님의 입멸 후 부처님의 제자들이 부처님께 각자 들은 것을 외우고, 서로 확인하여 부처님이 설법하신 가르침을 정리한 것을 결집(結集)이라고 한다.

불교의 성전은 붓다가 입멸한 뒤 불제자들이 붓다가 입멸하기 전에 말씀하신 진리에 대한 가르침과 교단에 관한 규칙을 정리한 것에서 비롯되었다. 이렇게 정리한 것을 결집이라고 한다(高崎直道, 1988).

붓다 입멸 후 바로 개최된 최초의 결집을 제1차 결집이라고 한다. 1차 결집은 부처님 입멸 후 500명의 비구가 한자리에 모여서 부처님의 가르침과 계율의 내용을 정리하였다.

붓다의 십대 제자들

• 사리푸트라	지혜 제일 / 석존보다 일찍 입멸에 듦
• 마하목갈라나	신통 제일 / 교단의 분열을 막음
• 마하캇사파	두타 제일 / 교단에서 가장 연장자임
• 수부티	해공 제일 / ≪금강경≫에서 석존에게 질문함
• 풋냐 만타리풋타(부루나)	설법 제일 / 인도의 서쪽에 불법을 전함
• 마하 캇차나(가전연)	논의 제일 / 교리 해석에 탁월
• 아누룻다	천안 제일 / 붓다의 사촌동생
• 우바리	지계 제일 / 제1결집 때 계율을 암송
• 라훌라	밀행 제일 / 석존의 아들
• 아난다	다문 제일 / 제1결집 때 경을 암송

자료: 소운(2014)

부처님의 가르침인 경(經, sutta)은 부처님의 제자 아난다 비구가 25년간 부처님께 들은 내용을 499명의 비구들에게 암송하면 비구들이 내용을 확인하고 승인이 이루어졌다(박상근, 2012). 계율은 부처님의 제자인 우빨 리가 율(律)을 암송(暗誦)하면 499명의 비구들이 승인하는 형태로 경전화하였다(화엄선원, 2015).

2. 결집은 왜 개정되는가

1차 결집 이후에도 여러 차례 결집이 이루어졌다. 불교의 근간인 불교경전은 이를 정비하기 위하여 인도에서부터 국왕들이 후원하여 경전의 결집을 개최하였다(石井米雄, 1991).

3. 불교경전의 구성

모든 불교 경전은 여시아문(如是我聞) 즉, 나는 이와 같이 들었다로 시작된다. 여기에서 나는 부처님의 설법을 직접들은 부처님의 제자 아난다를 말한다. 모든 경전은 첫머리를 다음과 같이 시작한다.

여시(如是) 아문(我聞) 일시(一時) 불(佛) 재사위국(在舍衛國) 여대비구(與大比丘).

Check Point 아함경 = 전승된 가르침

아함(阿含)은 전해진 것이라는 뜻으로 아함경(阿含經)은 구전되던 부처님의 가르침을 집대성한 경전이다. 아함(阿含)은 전승의 의미인 범어 아가마(Agma)를 음역한 것이다. 아함경은 경의 길이에 따라 긴 내용의 경을 종합하여 엮은 장아경. 길이가 중간되는 경을 종합하여 엮은 중아함경, 내용이 짧은 경만을 엮은 잡아함경, 증일(增一)한 증일아함경 등이 있다.

아함경전 비교

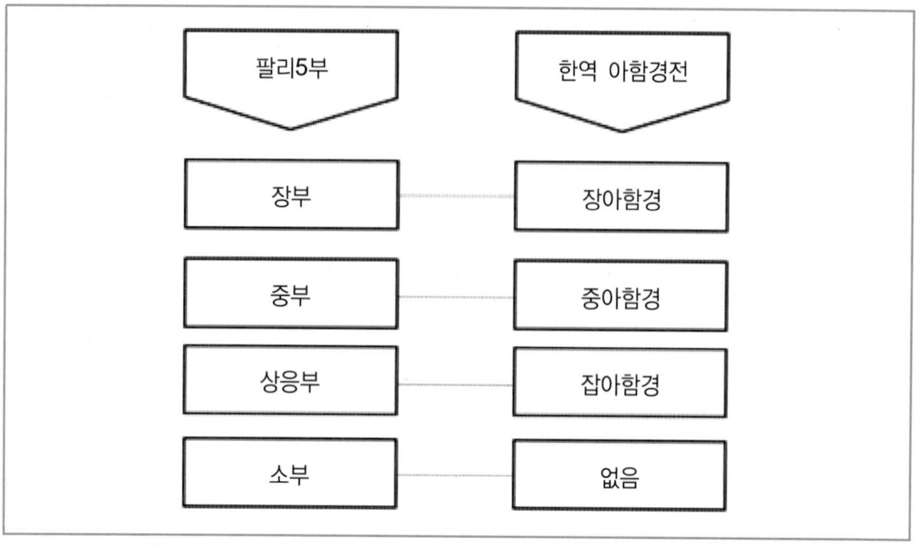

자료: 소운(2014)

현존하는 팔리 5부 내지 한역 4아함

팔리 5부	한역 4아함
장부 34경	장아함 30경
중부 152경	중아함 222경
상응부 56상응(相應)	잡아함 내지 별역(別譯)잡아함
증지부 1법 내지 11법	증일아함 1법 내지 11법
소부	(잡장)

자료: 水野弘元(2008)

Check Point 법구경 = 진리의 말씀

법구경(法句經)은 팔리어 담마파다를 음역한 것으로 진리의 말씀이란 의미이다. 담마는 진리를 의미하고 파다는 말을 뜻한다. 법구경은 26장 423개의 문장으로 구성되어 있다. 법구경은 단시(短時)를 모은 것이다(石井米雄, 1991).

Check Point 숫타니파타

숫타니파타는 경의 모음인 경집(經輯)의미로 1,149수로 된 시로 초기불교의 사상을 설법하고 있다.

Check Point 불유교경(佛遺教經)

불유교경(佛遺教經)은 부처님께서 입멸하기 전에 제자들에게 마지막으로 하신 최후의 설법으로 유교경(遺教經)이라고도 한다(화엄선원, 2015).

제8부

승 려

제1장 승려에 대한 이해

1. 승려의 역할

승려 = 종교학자 + 교육자 + 의사 + 상담자
상가 = 승려의 모임체 = 사회적 지원을 받음

승가의 기원은 부처님께서 성도하신 후 처음으로 녹약원에서 제도한 다섯명의 비구들이 부처님의 제자로 출가한데서 시작되었다(대한불교 조계종, 2002).

불교에서는 성스러운 공동체를 상가라고 한다. 상가는 불교 수행자들의 집단으로 붓다는 원래 남자 출가수행자들의 교단만 인정하였다. 상가는 출가수행자들의 집단으로 불교공동체에서 활발한 역할을 담당한다. 상가는 티베트처럼 국가 전체와 동일하게 될 수도 있고, 미국처럼 통일된 수도원의 구조가 없이 불자들의 공동체인 경우도 있다(Roy Robson, 2011).

초기불교 시대 승려는 붓다의 가르침을 중생에게 전달하고 가르치는 성직자 및 종교학자로서의 역할뿐만 아니라 마을에서 선진문물과 글자를 가르치는 교육자, 신체의 질병을 치료해주는 의사, 개인과 사회의 문제를 해결해주는 분쟁조정자, 상담자, 마을지도자 등의 다양한 역할을 하였다.

2. 승려의 무소유와 재가불자의 보시

초기 불교에서 승려는 최소한의 삶에 필요한 의식주를 자력으로 해결하지 않고 재가불자들의 보시에 전적으로 의존하고 수행에만 전념하였다. 승려들은 재가불자들에게 의식주의 보시를 받고 재가불자들에게 불법을 전수하고 재가불자가 일상의 삶의 고통에서 벗어날 수 있게 불법을 가르쳤다. 승려들은 재가신자들에게 보시할 대상이 되며 재가신자들은 보시를 통해 승보에 귀의한다(Roy Robson, 2011).

재가불자들은 속세에 살면서 승려의 가르침을 받고, 승려에게 보시하여 공덕을 쌓아 극락왕생을 염원한다. 이처럼 승려와 재가불자는 상호보완적인 관계이다(김영애, 2007).

"믿음과 덕행이 있으면 계행은 저절로 이루어지고
계행을 따르면 명성과 번영을 이룬다.
또한 이를 통해 많은 벗을 얻게 되나니
가는 곳마다 존경을 받게 되리라."

〈법구경〉

Check Point 승려의 보시에 대한 응대

승려의 탁발은 구걸이 아니다. 탁발은 재가 불자가 공덕을 쌓는 기회를 주는 행위이다(이와모도 유다까, 1987). 초기 불교의 전통이 남아있는 동남아의 승려들은 불자들로 부터 음식과 물건의 탁발을 받을 때 감사를 표하지 않는다. 승려들은 탁발을 하기 위해 꿇어앉은 재가불자들에게 축복을 내린다고 생각한다. 오히려 재가불자들이 탁발을 통해 공덕을 쌓을 기회를 준 승려에게 감사한다(김영애, 2007).

제2장 승려의 생활

1. 승려의 검약생활 → 물질에 대한 의존↓

초기 불교에서 승려의 생활은 매우 간소했다. 식사는 하루 한 번 탁발을 통해서 하였고, 의복은 다 떨어진 천 조각을 여러 번 기워서 입었다. 초기 불교 시기에 승려는 정해진 사원이 없이 삼림 속에서 방랑하는 사문의 생활을 했다(김정희, 2012). 거처가 따로 없어서 나무 밑에서 명상하고 잠도 잤다(김광수, 2013). 이처럼 초기 불교에서는 승려에게 육체의 유지에 필요한 만큼의 소유물만 인정되었다(안양규, 2013).

"말을 잘한다고 해서 지혜로운 자가 되지 않는다.
마음이 충만한 사람이 지혜로운 사람이다." 〈법구경〉

Check Point 빡겐

태국에서는 승려가 탁발을 해온 음식을 승려가 직접 덜어서 먹지 않고 반드시 사원에서 일하는 소년들이 승려가 탁발해 온 음식을 떠서 승려에게 바쳐야 식사를 할 수 있다. 이러한 불교의례를 빡껜이라고 한다.

승려의 식사의례로 빡껜이라는 관행이 있는 이유는 승려는 다른 사람이 주는 음식만을 먹어야 한다는 붓다의 가르침을 지키기 위한 것이다(김정희, 2012).

승려는 다른 사람이 주는 음식만을 먹어야 된다는 가르침은 두 가지 의미가 내포되어 있다. 첫째, 승려는 음식 등을 마련하는데 시간을 분산시키지 말고, 오로지 수행과 중생의 교화에만 전념하라는 의미이다. 둘째, 승려의 수행은 탐, 진, 치를 끊는데서 시작된다. 따라서 승려는 음식 등 물질에 사심을 부려서는 안된다는 의미이다.

2. 안거(安居)

안거(安居, Varsa)는 붓다 생존 시 우기(雨期)를 피해 일정한 장소에서 일정기간 수행을 하는 것을 말한다. 이러한 우안거(雨安居, Vassa)는 승려들이 유행(遊行)생활을 하지 않고, 우기에 한 곳에 정주하며 수행하는 것을 의미한다. 일반적으로 혹한기가 없는 동남아 승려들은 건기에는 유행(遊行)생활을 하며 수행을 하지만 우기에는 약 3개월 정도 정주하며 수행한다. 이 시기가 우안거이다. 안거(安居)의 시작을 결제(結制)라고 하고 안거의 끝을 해제(解制)라고 한다.

우안거는 동남아 나라마다 차이가 있지만 보통 건기가 마무리되고 만물을 소생시키는 비가 시작되는 6-7월경에 한다. 우기(雨期)에는 벌레들이 밖으로 많이 나오므로 승려들은 우안거 시기에는 외출을 삼가고 외출할 때는 풀위를 걷지 않고 가능하면 돌이나 포장된 길을 걸어 미물이라도 밟지 않으려고 노력한다. 탁발도 나가지 않아 재가불자들이 사원 앞에 보시할 공양물을 놔두고 간다(김영애, 2007: 화엄선원, 2015).

Check Point 자자(自恣)

승려들은 우안거 종료일에 삼개월 동안 수행 동료들끼리 율의 가르침을 잘 지켰는가 반성하는 의식을 갖는데 이러한 참회의식을 자자(自恣)라고 한다(高崎直道, 1988).

3. 가사(袈裟)

일반적으로 승려가 착용하는 의복을 가사(袈裟)라고 하는데 가사는 인도 고대어인 범어의 가사야(Kasaya)의 음역이다. 중국에서는 도복(道服)이라고 부른다(화엄선원, 2015).

가사의 색깔은 국가와 종파에 따라 상이하고 가사를 입는 방식도 차이가 나는 경우가 있다. 예를 들어 가사를 착용할 때 어깨를 한쪽만 가리고, 오른쪽 어깨를 내놓느냐, 가사가 두 어깨를 다 가리느냐에도 차이가 있다. 또한 매일 아침 승려들이 탁발을 위해 들고 나가는 발우를 드는 방법에도 차이가 있고, 승려들의 신발 착용여부에서도 차이가 난다(김영애, 2007).

Check Point **승려들이 가사를 입는 이유**

승려들이 재가불자의 복장과 다른 가사를 입는 이유는 승려는 속세의 사회질서를 떠나 정해진 불교의 계율을 지켜 수행을 하는 사람이라는 표시이다(水野弘元, 2002). 승려들이 가사를 입는 이유는 속세와의 구분을 의미한다고 볼 수 있다.

Check Point **염주(念珠) = 생각하는 구슬**

불교의례에서 염불과 절을 할 때 손에 차고 돌리며면서 끝없는 번뇌를 없애고 마음을 한 곳에 모으는 구슬이다.

Check Point **사부대중(四部大衆) = 비구 + 비구니 + 우바새 + 우바이**

사부대중은 20세 이상의 남자승려인 비구, 20세 이상의 여자 승려인 비구니, 남자신도인 우바새, 여자신도인 우바이를 말한다.

Check Point **사미, 사미니**

사미는 20세 이전 남자승려를 말하는 것이고, 사미니는 20세 이전의 여자 승려를 말한다(화엄선원, 2015).

Check Point 사마나(samana)

사마나(samana)는 출가하여 떠돌며 수행하는 종교인으로 사문이라고 음역되고 승려를 가리키는 말이다(Roy Robson).

Check Point 출가(出家) = 몸의 출가 + 마음의 출가

출가(出家)는 속세를 떠나 성직자의 생활로 접어드는 것을 말하는 것으로 속세의 집을 떠나는 것뿐만 아니라 속세의 모든 속박으로부터 마음도 벗어나야 한다.

Check Point 탁발의 의의

음식을 빌어먹는 것은 하심(下心), 즉 욕심과 자만심을 내려놓는 수행이다.

승려들이 돈을 만지거나 요리를 하는 것은 계율로 금지되어 있기 때문이다. 시주, 즉 보시를 하는 사람들은 보시를 받는 승려들 덕분에 좋은 일을 해서 선업을 쌓을 기회를 얻은 셈이다(Roy Robson, 2011).

Check Point 삭발(削髮)과 무명초(無明草)

승려가 삭발하는 이유는 무엇인가?

일반적으로 불교에서는 인간의 머리카락을 무명초(無明草)라고 하여 속세의 욕망의 상징으로 간주한다. 따라서 삭발(削髮)은 속세의 모든 욕망을 끊고 성직자의 구도의 길을 가겠다는 다짐이다.

Check Point 참선(參禪)

선(禪)은 마음을 닦는 것이고, 참선(參禪)은 선(禪)을 참구(參究)한다는 의미이다(화엄선원, 2015).

참선의 대표적인 방법은 화두(話頭)를 드는 간화선(看話禪)이다. 화두(話頭)는 참선자가 연구해야 할 문제인 의심덩어리를 말한다.

생각해 봅시다

참선은 왜 불립문자(不立文字)인가

Check Point 독경(讀經), 간경(看經), 사경(寫經)

승려와 불자가 불교의 경전을 통해 수행하는 방법은 경전을 외우거나 읽는 독경(讀經)과 경전을 소리내어 읽지 않고 마음속으로 읽는 간경(看經), 경전을 써보는 사경(寫經)이 있다(화엄선원, 2015).

"언제나 말을 다스려
성냄을 막고
말의 악행을 버리고
진리의 가르침을 독송하고 배워야 한다."

〈법구경〉

TAXI

제9부

사 원

제1장 사원에 대한 이해

1. 사원의 도입

사원은 승려가 거주하면서 수행하는 곳이다. 처음부터 승려가 사원에서 수행을 하였던 것은 아니다. 부처님 재세시에 승려의 수가 급증하였는데 승려들이 햇볕과 비를 피할 장소가 필요하게 되어 재가불자들이 사원을 지어 헌납했다(김영애, 2007).

초기 불교교단은 일반적으로 출가사문에 충실하였다. 그러나 출가수행자들도 우기인 3개월 동안은 유행을 중단하고 한 곳에 거주하는 습관이 있었다(高崎直道, 1988). 특히 불교에서 우안거 제도가 실시되면서 승려들은 우기동안 일정한 곳에서 함께 모여 공동생활을 하게 되었다. 그리고 우기 기간이 아닌 시기에도 사원에서 정주하는 승려들이 증가하기 시작했다(안양규, 2013).

Check Point 죽림정사(竹林精舍)

죽림정사(竹林精舍)는 최초의 불교사원인데 마가다국 빔비사라왕이 희사하였다.

Check Point 마을 거주자 ↔ 숲속거주자

불교 초기 승려들 사이에서는 교학과 수행의 역할에 따라 마을 거주자(gāma-vāsin)와 숲속 거주자(arañña-vāsin)라는 구분이 생겼다(정준영, 2015).

Check Point 사원의 다양한 명칭

사원과 사찰의 어원은 범어의 상가람마(Sangarama)인데 다음과 같이 다양한 명칭이 유사하게 사용되고 있다. 절, 총림, 승원, 도량, 가람, 암, 정사, 청정원, 출세사 등이다(화엄선원, 2015).

Check Point 아란야 = 적정처(寂靜處)

아란야는 적정처(寂靜處)로 불자나 수도승들이 고요한 곳에서 수행을 하는 것을 의미한다.

제2장 사원의 사회적 역할

불교사원은 수도원이지만 재가불교자들에게도 신행의 중심지로서 역할을 한다(Roy Robson, 2001). 불교사원은 초세간적인 수행자와 속세의 재가불자를 연결해 주는 사회적 역할을 하였다(김영애, 2007). 특히 인도와 동남아에서 불교사원은 일반적인 종교적 역할외에도 승려의 시대적, 사회적 역할에 따라 다양한 기능을 수행하는 곳이다. 상좌부 불교를 믿는 동남아 지역의 경우 불교사원은 마을 한 가운데에 있으면서 다양한 기능을 수행하였다.

1. 불교사원 = 교육기관

일반적으로 종교 경전은 번역하지 않는 것이 원칙이다. 가장 큰 이유는 다른 언어로 번역되는 과정에서 종교의 가르침의 참뜻이 제대로 전달되지 않을 수 있기 때문이다. 동남아 상좌부 불교는 불교 경전을 팔리어 원문 그대로 받아 들였다. 따라서 팔리어를 아는 승려는 교사로서 사원에서 팔리어를 비롯한 불교 교육과 기초교육을 하였고 사원은 자연스럽게 교육기관으로서의 역할을 수행하였다(김정희, 2012).

19세기 말 스리랑카의 문맹율은 영국의 문맹률보다 낮았다. 가장 큰 이유는 스리랑카 재가불자들이 양질의 교육을 불교사원에서 승려들로부터 받았기 때문이다(안양규, 2013).

동남아 지역에서는 사원의 교육기관으로서의 역할이 지금도 진행되고 있다. 저자가 동남아 지역을 방문했을 때 라오스, 캄보디아 등에서 어린이들이 사원에서 승려들에게 불교교육뿐만 아니라 산수 등의 기초교육을 받고 있는 모습을 자주 보았다.

| 표 9-3 | 메콩강 유역국의 주요 인적개발지수 현황

	캄보디아	라오스	미얀마	태 국	베트남
인간개발지수(1999년, 순위)	121	131	118	66	101
기대수명(1999년, 년)	56.4	53.1	56.0	69.9	67.8
산모사망자 수 (1999년, 10만 명 신생아당)	470	650	230	44	160
5세 미만 저체중어린이/총인구 (2000년, %)	52	40	39	19	39
1인당 GDP (PPP 기준, 1999년, 달러)	1,361	1,471	1,027	6,132	1,860
식수이용률/총인구 (1999년, %)	30	58 (2000)	68	80	52 (2000)
빈곤인구/총인구(%)	36.1 (1997)	38.6 (1998)	22.9 (1997)	15.9 (1999)	37.4 (1998)

자료: ADB, 정재완 외(2003)

4. 불교사원 = 불교은행(Buddhist Banking)

원시불교와 대승불교에서 사원은 부동산의 대부, 대출 등의 금융기관으로서 중요한 금융활동을 해왔다. 불교는 경제공동체, 자립적 성격의 불교경제공동체의 성격을 지니고 있고 출가자와 재가자가 결합된 금융기관의 역할을 하였다(홍성민, 2000; 윤성식, 2010).

Check Point 합장(合掌)

합장(合掌)은 흩어진 마음을 하나로 모으는 행위이며 붓다와 내가 하나라는 의미가 있다.

Check Point 합장 반배예의

승려들을 사원 경내나 길거리에서 만나면 합장반배의 예를 갖추어야 한다.

그러나 승려가 좌선하거나 설법할 때는 합장반배를 하지 않는다.

Check Point 향과 연비(燃臂)

향을 끌 때는 불어서 끄면 안되고 흔들어서 꺼야 된다. 또한 연비(燃臂)는 불자들이 수계를 받을 때 향불로 하는 불교의례이다(화엄선원, 2015).

Check Point 불상(佛像)과 예경(禮敬)

붓다는 자신을 신격화하는 것을 반대하여 자신의 형상을 세우지 못하게 하였다. 붓다가 입멸 후 붓다의 진신사리를 봉안한 파고다(탑)가 예배의 대상이었다. 그런데 붓다의 진신사리를 봉안한 탑이 없는 지역에서는 예배의 대상이 없어 붓다를 그리워하는 마음에 의해 자연 발생적으로 붓다를 형상화한 불상(佛像)을 만들게 되었다.

붓다는 자신이 신이 아니다고 설법하셨는데 그렇다면 불상(佛像)에 대한 예경(禮敬)은 어떤 의미인가? 우상숭배인가? 불상에 대한 예경(禮敬)은 역사적 붓다에 대한 존경과 자신의 마음속에 있는 붓다에 대한 다짐이다. 불상에 대한 예경(禮敬)은 기복이 아니고 붓다에 대한 존경과 진리추구에 대한 다짐이다.

Check Point 나무(南無)

나무(南無)는 산스크리트어로 예경, 경의를 표명하는 말이다. 나무(南無)는 나마스(namas)를 음역한 것이다. 인도사람들이 인사할 때 사용하는 나마스트(namaste) 즉, 당신께 경의를 표합니다에서 온 말이다(高崎直道, 1988).

Check Point 불이문(不二門)

불이문(不二門)은 해탈문(解脫門)이라고 하는데 불이(不二)는 무엇인가?

불이(不二)는 중생과 부처가 둘이 아니고, 세속의 세계와 진리의 세계가 둘이 아니며, 너와 내가 둘이 아니라는 의미이다(조계종, 2001).

Check Point 파고다

파고다(塔)의 어원은 싱할라어의 다가바 또는 다고바에서 유래되었고 다가바는 범어 다투가르바(納骨室)에서 유래되었다. 범어세서 다투가르바는 무엇보다 부처님의 유골을 봉안하는 것에 한해서 사용되어 왔다. 유골이란 부처님의 육신의 일부인 치아, 모발 등을 말한다(이와모도 유다까, 1987).

Check Point 탑과 부도

탑은 부처님 진신사리를 봉안한 곳이고 부도는 고승들의 사리를 봉안한 것이다.

Check Point 대웅전(大雄殿)

대웅전(大雄殿)은 석가모니불을 모신 법당이다.

Check Point 불화(佛畵)

불화(佛畵)는 붓다의 전생이야기와 전기를 그린 불전도와 불교경전의 교훈적인 부분들을 그린 변상도가 있다.

Check Point 만다라(曼荼羅)와 만자(卍字)

만다라는 불교의식에 필요한 기하학적인 문양이다. 만다라(mandala, 曼荼羅)는 우주의 질서를 상징하는 기하학적 도형으로, 괴로움의 세계를 초탈하는 길로 이끌어주는 영적인 지도의 역학을 한다(Roy Robson). 만자(卍字)는 행운의 상징이다.

Check Point 법륜(法輪)

법륜(法輪)은 부처님의 교법을 말한다.

忠德佛堂

ATM

제10부

상좌부 불교와 대승불교

제1장 결집과 근본분열

경전 결집

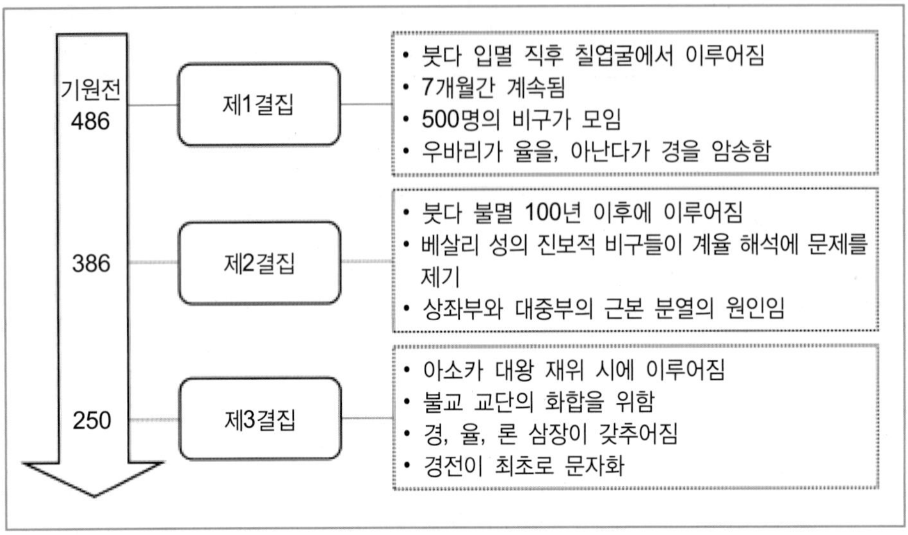

자료: 소운(2014)

1. 제1차 결집

제1차 결집은 붓다 입멸 3개월 후에 마하가섭의 주재하에 칠엽굴(七葉窟)에 500명의 비구가 모여 아난다와 우바리를 송출자로 선정하고 아난다가 경(經)을, 우바리가 율(律)을 암송(暗誦)하여 500명 비구의 승인을 얻는 형태로 교법을 정리하여 공포하였다. 제1차 결집은 오백결집이라고 하고 이후 모든 불교경전의 기본적인 골격이 되었다(김영애, 2007).

2. 제2차 결집

제2차 결집은 붓다 불멸 100년 후에 700명의 비구가 베살리에 모여 베살리 비구들의 10개의 계율위반 문제를 두고 격론을 벌었는데 이때 보수적인 장로부와 진보적인 대중부가 대립하다가 결국 하나의 불교 교단이 두파로 분리되는 근본분열(根本分裂)이 일어났다. 제2차 결집을 700명의 비구가 모인 결집이라고 하여 칠백결집이라고도 한다.

Check Point 다양한 불교 계율

불교의 계율(Sila, Vinaya)은 대승부와 상좌부가 상이하고 불교 교단에 따라 다르다. 또한 출가자와 재가자, 비구와 비구니가 지켜야 될 계율이 다양하다(김영애, 2007)

3. 제3차 결집

제3차 결집은 붓다 입멸후 200년 후 인도를 통일한 아소카왕이 불교 승단의 정비를 위해 당시 가장 명망 높은 목갈리뿟따 팃사(Moggalīputta-tissa)장로를 중심으로 제3차 결집을 전폭적으로 지원하였다. 제3차 결집은 9개월 동안 일천 명의 비구들이 모여 2차 결집의 경, 율, 론의 삼장(三藏) 내용을 정비하였는데 논장(論藏)을 합송하고 경전이 최초로 문자화되었다. 제3차 결집은 일천결집이라고도 한다.

Check Point 제3차 결집 이후 해외로 불교 전파

제3차 결집 이후 불법전파를 위해 캐시미르, 간다라, 시리아, 이집트, 마케도니아(그리스), 스리랑카, 미얀마 등의 9개국에 불교 전도단을 파견했다. 이때 불교 전도단에는 아소카 왕의 아들인 마힌다(Mahinda) 장로와 아소카 왕의 딸인 상가밋따(Saṅghamitta) 공주도 포함되어 있었고 이들은 스리랑카에 불교를 전도하였다(정준영, 2015).

| 표 10-1 | 아소카 왕의 불교 전파

지 방	전도사
카슈미르, 간다라 (Kasmīra, Gandhāra: 서북 인도)	마잔티카 (Majjhantika 末田地)
마히사만다라 (Mahisa-mandala: 남방인도 동부)	마하데바 (Mahādeva 大天)
바나바사(Vanavāsa: 남인도 서부)	라키타(Rakkita)
아파란타카 (Aparantaka: 서방인도 해안지방)	그리스인 단마라키타 (Yonaka Dhammarakkhita)

지 방	전도사
마하라타(Mahārattha: 서남인도)	마하단마라키타 (Mahādhammarakkhita)
요나(Yona: 서방 그리스 세계)	마하라키타(Mahārakkita)
설산지방(Himavanta: 히말라야 산록)	마지마(Mahhhima 末示摩)
스반나부미 (Suvannnabhūmi: 버마 해안지방)	소나 유타라(Sona-Uttara)
탐바판니(Tambapannī 赤銅葉: 스리랑카)	마힌다(Mahinda)

자료: 水野弘元(2008)

Check Point 아소카왕의 상좌불교에 대한 공과실

아소카왕(Asoka, B.C. 268-232)은 인도를 통일한 후 불교에 귀의하고 백성뿐만 아니라 불교를 해외에 전파하는데 노력하였다(김영애, 2007). 아소카왕의 전폭적인 지원으로 불교승단은 비약적인 발전을 했지만 풍요로움속에 편안한 삶을 추구하는 일부 승려들이 양성되었고 이들로 인해 수행과 교리에 있어 승단에서는 혼란이 발생하였다(정준영, 2015).

제2장 상좌부 불교

붓다가 입멸한 지 100년 후 불교 교단 안에서 계율과 교리의 해석에 대한 의견 차이가 생겼다. 그것을 계기로 하여 상좌부(上座部)불교와 대승(大乘)불교로 분열되었다. 상좌부 불교와 대승불교로의 분열은 불교의 근본사상은 다르지 않고 개인의 신앙과 사회적 책임에 대한 보수와 진보의 분열이다(김영애, 2007: 정미경, 2009).

팔리 불교 소전

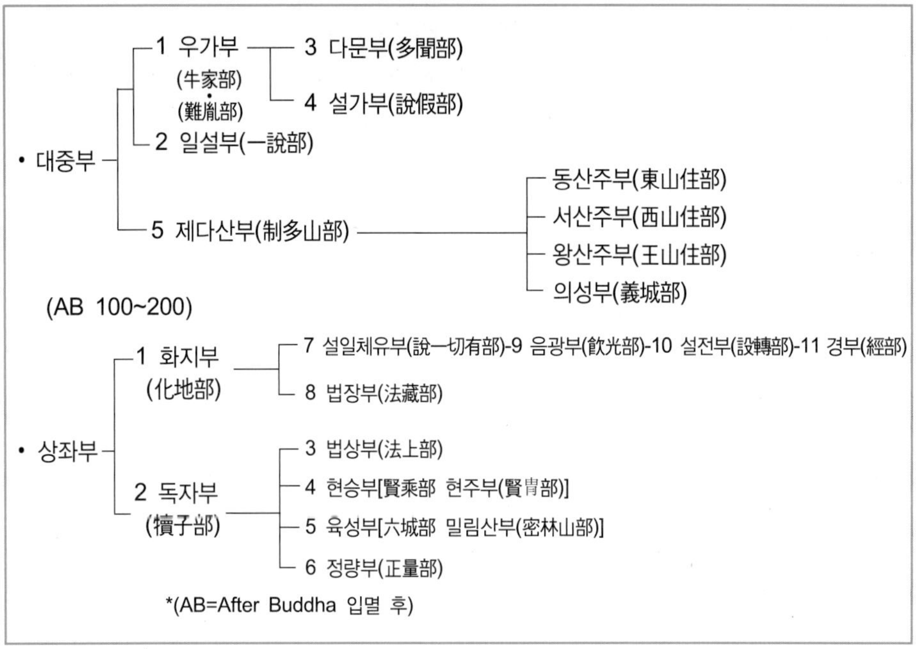

자료: 水野弘元(2008)

1. 불교 성전의 언어

상좌부 불교(上座部, Theravāda)의 상좌(上座), 상좌부(上座部)는 팔리어 테라바다의 한역(漢譯)이다. 테라바다불교의 테라(Thera)는 상좌(上座) 즉, 고승(장로)를 의미하고 바다(vada)는 말(語)과 설(說)이라는 의미로 가르침을 의미한다(김영애, 2007).

테라바다(Theravada)는 장로(長老)들의 가르침이라는 뜻으로 높은 자리의 승려(上座)들이 주도하는 불교라는 의미이다(Roy Robson, 2011). 즉, 상좌부 불교는 장로(長老)를 통해 이어져 온 붓다의 전통적인 설법이라는 의미이다(石井米雄, 1991).

2. 상좌부(上座部, Theravāda) 불교의 발생과 전파

제2차 결집을 통해 인도에서 발생한 상좌부 불교는 제3차 결집을 통해 동남아 등의 인도의 주변국가에 전파된다(정준영, 2015).

3. 상좌부 불교의 특징

상좌부 불교는 붓다의 생애와 수행을 강조하며 재가불자와 승려는 붓다와 같은 행위를 통해 수행을 쌓아야 한다고 가르치며 개개인의 수행과 해탈을 중시한다.

Check Point 상좌부 불교의 교단의 구성

상좌부 불교의 교단은 비구승단이 가장 핵심적인 위치에 두고 출가한 남성 승려인 비구(Bhikkhu, Samanera), 출가한 여성 승려, 비구니(Bhikkhuni, Samaneri), 재가 남성불자인 우바새(Upasaka) 및 재가 여성불자인 우바이(Upasika)로 구성되어 있다(김영애, 2007).

4. 아라한(阿羅漢, arhat, arahant)

아라한(阿羅漢, arhat)은 깨달음을 성취한 사람으로 상좌부 불교에서 수행자가 목표로 하는 최고의 경지이다(Roy Robson, 2011). 아라한은 고도의 지혜와 굳은 의지로 완전한 지(智)를 갖춘 성자의 경지에 이른 사람으로 이 아라한이 되는 것은 상좌불교가 지향하는 최고의 경지이고, 최고의 이상적인 인간상이다.

아라한은 완전한 최고의 지혜를 얻어 어떤 일에도 동요되지 않은 부동의 심경(心境)에 이른 사람이다(이와모도 유다까, 1987). 아라한은 상좌부 불교의 이상적인 인간상이다.

Check Point 붓다와 아라한은 동의어인가

붓다가 정각한 후 녹약원에서 다섯 명의 비구를 교화하여 다섯명의 비구가 정각을 이루었을 때 붓다는 이 세상에는 붓다 자신을 포함하여 6명의 아라한이 있다고 선언하였다. 이처럼 초기 불교에서는 붓다와 아라한의 차이는 정각의 순서에만 있지 정각의 내용에는 차이가 없다고 보았다(안양규, 2013).

시간이 지나 부파불교 시대에는 붓다의 초인간화가 되어 붓다와 아라한은 동의어가 되지 않았고, 아라한은 붓다보다 낮은 단계의 깨달음을 얻은 것으로 불제자가 도달할 수 있는 최상으로 보았다.

제3장 상좌부 불교의 국제교류와 스리랑카의 역할

1. 상좌부 불교의 계율을 지키기 위한 국제간 노력

상좌부 불교를 믿는 국가들은 자국에 내란이나 외적의 침입에 의해 상가의 지계(持戒)가 문란해졌을 때는 국외에서 계율을 잘 준수하고 있는 청정한 상가에 자국의 승려를 파견하여 수계를 다시 받거나 국외의 청정한 상가를 자국으로 초청하여 바른 계율을 다시 전수 받는다(水野弘元, 2002). 상좌불교는 이처럼 청정한 상가를 유지하고 계율을 지키기 위해 노력하였다.

2. 수행문화의 교류

상좌부 불교는 불교의 맥을 유지하기 위해 상좌부 불교 국간에 구족계(具足戒)와 수행문화를 주고받는다. 미얀마의 담마쩨디왕은 미얀마 몬족의 구족계가 정통성이 없다고 간주해 스리랑카로부터 구족계를 받아 미얀마의 율장을 강화하였다.

태국의 최초 통일왕국인 수코타이 왕국의 라마캄행 왕은 스리랑카로 보내어 구족계를 받고 상좌부 불교를 왕국의 공식종교로 선포하였다. 또한 반대로 스리랑카의 위자야바후왕은 새로운 수도를 만들며 쇠퇴한 불교를 부활시키기 위해 미얀마에 구족계를 요청했고 미얀마로부터 구족계를 받은 스리랑카는 대사파의 전통을 부활하였다(정준영, 2015).

3. 스리랑카의 상좌부 불교

1) 국왕의 전폭적인 지원으로 발전

스리랑카에 불교가 유입된 것은 기원전 3세기에 인도를 통일한 아소카왕이 불교를 전파하기 위하여 아소카왕의 자식인 마힌다 장로를 스리랑카에 파견하면서 시작되었다. 스리랑카 불교는 국왕이 불교로 개종하면서 국왕과 왕실뿐만 아니라 귀족, 백성으로까지 확산되었다(김정희, 2012).

스리랑카의 불교는 국왕의 전폭적인 지원속에 확고히 뿌리내려 성장했고 대사파(大寺派, Mahāvihāra)의 불교종단의 수립은 스리랑카 불교가 상좌부 불교의 중심지로 발전하는 계기가 되었다(정준영, 2015).

2) 식민지배하에 불교의 쇠퇴

스리랑카는 16세기 초반 포르투갈, 17세기 네덜란드, 19세기 영국에 지속적으로 식민지배를 받으면서 국왕의 전폭적인 지원으로 번영하였던 상좌부 불교가 쇠퇴하였다(石井米雄, 1991).

스리랑카는 포르투칼(1505-1658(153년), 네덜란드(1656-1796(140년), 영국(1815-1948(133년)으로 이어지는 긴 식민통치를 받으면서 식민세력의 불교탄압으로 상좌부 불교가 급격히 쇠락하였다(정준영, 2015). 포르투갈의 식민지배로 불교가 배척당했고 네덜란드의 지배(1655-1799) 하에서는 승단의 법통이 끊어졌다.

3) 불교 부흥의 노력

스리랑카는 외세의 침략에 의해 끊어진 상좌부 불교를 재건하기 위해 자신들이 불교를 전파시킨 태국과 미얀마로부터 역으로 장로를 초청하여 불교를 다시 부흥시켰다. 17세기 초 스리랑카왕 비말라 담마 수리야 2세는 버마에서 비구를 초빙해 법통을 이었으며, 17세기 후반에는 태국으로부터 다시 전법을 받았다(김정희, 2012).

4) 상좌부 불교에서 스리랑카의 역할

현재 전 세계 상좌부 불교의 메카인 미얀마, 태국 모두 스리랑카의 대사파 전통의 구족계를 수용하여 상좌부 불교를 발전시켰다. 이처럼 스리랑카는 인도로부터 상좌부 불교를 받아들여 인근 국가로 적극적으로 전파하였다. 또한 상좌부 불교국가에서 통용되는 팔리어 삼장을 처음 문자로 기록하였고 주석서인 청정도론 등을 저술하여 상좌부 불교의 발전에 큰 공헌을 하였다(정준영, 2015).

제4장 대승불교

1. 대승불교 운동

대승(大乘, Mahayana) 불교는 큰 수레라는 뜻으로, 테라바다 불교 이후에 등장한 불교의 한 분파이다(Roy Robson, 2001). 대승불교는 붓다가 입멸한 후 5백년이 지나 생겨난 불교개혁운동이다.

불교는 붓다가 입멸한 후 100년 경부터 몇 개의 교단으로 분열하여 20개 이상의 부파가 형성되었다. 이러한 부파는 붓다의 가르침을 전달하는 과정에서 독자적인 해석을 하여 붓다의 가르침과 간격이 발생하였다. 대승불교는 부파교단이 붓다의 참 뜻을 제대로 파악하지 못한다고 생각하고 부처님의 가르침의 복원을 목표로 새로운 운동을 하였다(高崎直道, 1988).

부파불교	초기 대승불교
아라한이 되는 것을 목적으로 하는 성문사상(성문승)	불타가 되는 것을 목적으로 하는 보살사상(보살승)
업보윤회의 고통으로부터 벗어나는 타율주의〔업보사상(業報思想)〕	성불의 원행(願行)을 행해서 자기 스스로 원하여 가는 자율주의〔원행사상(願行思想)〕
자기만의 완성과 해탈을 위해서 수행 노력하는 자리주의(自利主義)(소승)	일체중생을 구제하고 사회 전체를 정화 향상시키는 이타주의(利他主義)(대승)
성전의 언구에 집착해서 사물에 구애되어 있는 것같이 보이는 태도(有)	반야의 지혜에 의해서 무아(無我)·무집착(無執着)인 공(空)의 태도〔공(空)〕
이론적이고 학문적으로만 치우치는 경향이 많음(이론적)	이론이나 학문보다는 신앙의 실천을 중요시하고, 그 실천이 헛되지 않도록 기초가 되는 초심을 중요시(실천적)
출가수행 전문적임	대중적임

자료: 水野弘元(2008)

2. 보살(菩薩, bodhisattva)

보살(菩薩) = 각유정(覺有情)

보살(菩薩, Bodhisattva, 覺有情)은 보리살타를 줄인 말로 보리(Bodhi)는 깨달음을 의미하고 살타는 유정(有情)의 의미로 보살은 깨달은 중생을 말한다. 보살은 대승불교의 이상적인 인간상이다(화엄선원, 2015: 안양규, 2013). 보살(菩薩, bodhisattva)은 깨달음을 성취했으나 중생에 대한 자비심 때문에 열반(nirvana)에 들지 않고 현세에 남아 중생을 구제하는 이타주의를 실행하는 사람이다(Roy Robson, 2011).

제5장 상좌부 불교와 대승불교의 차이점

1. 전통성과 성전(聖典)의 언어

상좌부 불교의 삼장은 팔리어가 토대로 되어 있는데 대승불교의 삼장은 산스크리트어가 토대로 되어 있는 경우가 많다. 그리고 상좌부 불교는 대승불교에 비해 보수적이고 붓다 입멸 전의 전통이 더 강하다. 상좌부 불교의 목표는 아라한이 되는 것이고 대승불교의 목표는 보살이 되는 것이다(Roy Robson, 2011).

2. 속세와의 관계

대승불교는 성(聖)과 속세라는 이분법적인 세계관을 부정하였다. 대승불교의 가르침은 공(空)의 교리에 의해 성(聖)과 속세(俗世)의 세계가 상호간에 분리되어 있지 않다고 간주한다. 이에 비해 초기 불교, 상좌부 불교에서는 세간(世間)과 출세간(出世間)을 구분하는 경향이 있었다.

3. 아라한과 보살의 차이점

상좌부 불교의 이상적인 인간상인 아라한은 자신의 깨달음에 전념한다. 아라한은 수행을 통해 자신의 번뇌를 끊어 윤회에서 해탈하여 열반에 다다르는 것이 목표이다. 아라한은 세속의 문제에 적극적으로 관여하지 않고 재가 불자들에게 불법만을 가르쳤다.

이에 비해 보살은 윤회와 열반을 불이(不二)로 간주하고 윤회 속에서 깨달음의 수행을 완성하고 일체의 중생을 구제하는 목표를 갖고 있다. 대승불교는 공(空)의 사상에 의해 윤회와 열반을 양분하지 않아 윤회하는 속세에서 불교수행을 완성하려고 노력한다(안양규, 2013). 특히 보살은 법보시 뿐만 아니라 중생들이 필요로 하는 재보시(財布施)도 중요하게 생각한다.

Young

呂帝廟
陽啟正心
純行大道

제11부

불교와 경제가 만나면

제1장 현대 자본주의 경제에 대한 단상

1. 현대 경제의 숙제

경제는 다양하게 정의할 수 있고 다각적인 접근이 가능한 분야이지만 경제는 세상을 다스려서 백성을 구제한다는 경세제민(經世濟民)의 의미가 내포되어 있다.

현대 경제학은 생산, 유통, 소비와 같은 경제행위에서 물질적 욕구 충족에 대한 효과적인 다양한 방안을 제시하고 탐구하고 있지만 물질로만 충족되지 않은 인간의 정신적 행복, 마음의 평안을 어떻게 경제와 접목할 것인가에 대한 본질적인 물음에 답하지 못하고 있다(홍성민, 2000).

현대 경제학은 부를 축적하는 과정과 결과로부터 발생하는 고통을 외면하는 경향이 있다(이재율, 2013). 경제학에서는 인간을 노동력(勞動力)으로 양적 평가하는 경우가 많다. 그러나 경제 주체인 인간이 무엇 때문에 일하는가, 무엇 때문에 노동하는가에 대한 질문에 답하는 경제학적 고민이 약하다.

"욕심을 가득 채우려는 인간은 많지만
욕심을 근심하는 인간은 적다." 〈중아함경〉

Check Point 경제활동

경제활동은 재화와 서비스를 생산하고 유통하고 소비하는 행위를 말한다.

2. 대중소비사회는 소비자 주도 경제인가?

현대 경제의 가장 큰 특징 중에 하나는 대중소비사회이다. 현대 시장은 공급이 수요를 초과하고, 다양한 상품이 국경을 자유롭게 넘어 이동함으로써 공급자보다는 소비자가 주인이 되고 있다(김광수, 2013). 그런데 소비자가 자신의 소비의 진정한 주체인가는 생각해볼 문제이다. 소비자가 정말 필요로 하는 상품을 자신의 판단 하에 소비하고 있는가?

소비자가 자신도 모르게 물질이 주는 욕심경쟁에 휘말려 분수에 맞지도 않고 당장 필요하지도 않은 소비를 하고 있다면 소비자는 주가 아니고 객이 된다. 소비자가 주가 되지 못하는 경우에는 어떠한 경우에도 소비는 미덕이 될 수 없다.

"열심히 지혜를 구하라.
그러면 마음이 평화롭다.
허물을 버려 다시 더럽히지 않으면
고통의 몸에서 벗어날 수 있다."

〈법구경〉

Check Point Msstige = Mass + Prestige Product

매스티지(Msstige)는 명품을 고소득층 뿐만 아니라 대중들까지 소비하는 경제현상을 말한다.

Check Point 생산자의 자본력 → 소비자의 소비에 영향→ 소비자의 소비 ↑

최근 들어 자본은 정보에도 영향을 미치고 있다. 생산자는 대규모 자본력을 토대로 소비자의 상품에 대한 선택과 소비에 지대한 영향을 미치고 있다.

Check Point 경제윤리와 종교윤리

합리적인 경제의 주체인 정부, 기업, 개인, 외국인은 경제행위를 할 때 세속적인 경제윤리와 종교윤리를 모두 준수하려고 한다. 그런데 경제윤리와 종교윤리가 상충될 때 갈등을 겪게 되고 양자택일의 선택을 해야 한다.

"도를 아는 사람은
이익을 다투지 않는다.
이익이 있거나 이익이 없거나
욕심이 없어 흔들리지 않는다."

〈법구경〉

제2장 자본주의의 빛과 그림자

1. 자본주의 = 대량생산 + 대량소비

자본주의(資本主義, capitalism)의 가장 큰 특징은 생산수단의 사적 소유와 소비를 초과하는 생산에 의한 대량생산과 대량소비이다(김광수, 2013). 이처럼 자본주의는 대중의 소비를 목적으로 하는 재화의 대량생산으로 대중의 생활수준은 향상되었다(홍성민, 2000). 분명 자본주의는 생산력을 향상시켜서 대중 일상 생활을 편리하고 윤택하게 해주었다.

"사람이 삶을 살아가는 것은
오직 물질에 의해서만이 아니다." 〈잡아함경〉

Check Point 희소성의 법칙

희소성의 법칙은 인간의 물질에 대한 욕구는 무한한데 비해 사용할 수 있는 자원은 한정되어 있는 것을 말한다. 모든 경제 문제의 출발점은 희소성에서 출발한다.

2. 과잉생산은 과잉소비를 창출

자본은 무한성장이라는 속성으로 인해 과잉생산을 초래하고, 과잉소비를 창출한다. 인간이 매일 매일 살아가는 데 필요한 물질은 실제로 그리 많지 않다. 인간생활에 꼭 필요한 재화들은 공공재(public goods)로도 공급될 수 있다. 그런데 자본은 대중들에게 결핍의식과 니즈를 자극하여 소비를 창출한다(김광수, 2013).

자본주의 사회에서 대중들은 자연스럽고, 필요한 소비가 아니고 부자연스럽고, 불필요한 소비를 충동적으로 하게 되고 소유와 소비가 행복의 원천인 것처럼 물질만능주의에 빠지게 된다.

3. 시장자본주의의 본질적인 질문

시장은 단순히 경제적 요인뿐만 아니라 역사적, 사회적 요소들이 결합되어 형성된다. 시장에서 발생된 많은 문제는 시장자체에서 해결되는가, 아니면 정부의 개입에 의해 해결되는가의 문제는 모든 것을 시장에 맡겨야 되는가, 아니면 정부가 시장에 반드시 개입해야 되는가의 논란을 낳게 된다. 궁극적으로 시장은 자기조절 능력이 있는가? 만약 없다면 정부의 시장개입은 어느 정도까지, 어떤 방법으로 해야 되는가는 각 국가의 상황과 사회적 합의에 의해 합리적으로 결정되어야 한다.

시장이 유지 발전되는 것은 정부가 법과 제도로서 시장을 뒷받침하고 있기 때문이다(윤성식, 2010). 전 세계 많은 나라에 많은 시장이 있고, 시장에서 정부의 역할은 국가에 따라 상이한 경우가 많다. 어떤 나라에서는 정부가 하는 일이 어떤 나라에서는 시장 자체적으로 운영되는 경우도 많다.

Check Point 보이지 않는 손(Invisible Hand)

보이지 않는 손(Invisible Hand)은 시장가격을 말하는 것으로 시장에 정부의 개입이 없어도 눈에 보이지 않는 시장가격에 의해 상품의 수급이 조정된다는 의미이다.

생각해 봅시다 자유방임의 장점과 단점은 무엇인가

4. 생산자와 소비자는 이기적인가?

자본주의 사회는 경쟁을 토대로 하고 있고, 경쟁은 이기심을 전제로 한다. 기본적으로 이기적인 생산자와 소비자에게 시장을 맡겨두면 효율적인 자원배분이 이루어지는가?

낭비적이고 비효율적인 자원 배분 등의 시장결함의 원인은 인간의 이기심에 기인하고 있는 경우가 많다. 시장결함을 시정하는 방법은 일반적으로 법과 윤리가 있는데 시장자본주의는 법치를 선호하고 있다.

법치주의를 통한 시장결함의 해결은 시장결함의 본질적인 원인인 인간의 이기심을 손대지 않고 이기심에 의해 발생되는 문제를 사후에 해결하는 수준이다(윤성식, 2010). 생산자와 소비자가 합리적으로 경제행위를 하여 사회의 한정적인 자원이 효율적으로 배분 되려면 법과 윤리가 뒷받침되어야 한다. 법은 윤리의 최소한이다. 따라서 법보다는 윤리가 생산자와 소비자를 합리적으로 의사결정하게 하고 경제행위를 할 수 있는 사회가 바람직하다.

> "자신의 잘못을 숨기면서
> 다른 사람의 잘못만을 찾아내려 한다면
> 마음의 더러움은 점점 자라나고
> 번뇌는 더욱 커져만 간다."
>
> 〈법구경〉

Check Point **경기순환과 경기변동**

경기는 경제의 활동수준으로 상승, 하강, 확대, 축소를 반복한다. 이처럼 경기가 순환하고 변화하는 것을 경기순환과 경기변동이라고 한다.

5. 자본주의의 그림자

자본주의는 물질의 생산을 풍요롭게 하여 대중의 생활을 편리하게 해주었다. 그러나 자본주의가 초래한 문제점도 많다. 이 세상에 인간이 만든 사상과 제도 중에 완벽한 것은 없다. 자본주의도 많은 장점이 있지만. 다음과 같은 많은 문제점들은 다음과 같다.

1) 물질만능주의와 배금주의

자본주의의 가장 큰 폐해는 사회전반적으로 물질만능주의가 만연하여 돈이 모든 가치관의 우선 순위로 자리잡게 되어 인간의 삶과 인간관계가 황폐화될 수 있다는 점이다.

자본주의는 모든 것을 시장의 관점에서 상품화하고 가격화하려고 하는데 이러한 현상은 인간소외를 가져 올 수 있고 인간이 돈으로부터 자유로워질 수 없게 만들 수 있다. 이 세상의 모든 것은 가격화, 상품화할 수 없고 해서도 안된다.

Check Point 자본에 지배받아서는 안되는 가치

자본주의의 가장 큰 폐해 중에 하나는 어떠한 경우에도 돈으로부터 자유로워야하고, 자본으로 평가되어서는 안되는 귀중한 가치마저도 자본의 관점에서 평가되고 운영되고 있다는 점이다. 예를 들어 학문, 교육, 예술, 의술 같은 분야의 가치는 자본으로 평가되어서는 안되지만, 최근 들어 자본으로부터 자유롭지 못하다.

Check Point 제품은 상품보다 가치가 없는가

우리가 살고 있고 경험하고 있는 자본주의가 성공하려면 시장이 공정하고 합리적으로 작동되어야 한다. 시장이 공정하고 합리적으로 작동하나면 시상에서는 상대적으로 우수한 기업의 상품과 서비스가 큰 성과를 낼 수 있어야 한다. 특히 기업과 제품의 시장 진출입이 무엇보다 우수함에 있어야 한다.

수도 없이 만들어진 제품 중에서 시장에서 상품성을 인정받은 제품만이 상품으로 시장에 나갈 수 있다. 따라서 시장에 나갈 수 없는 제품은 아무리 높은 가치가 내재되어 있더라도 사장되고 만다.

자본주의 사회에서는 제품이 상품화되는 과정에 자본의 위력이 작용하는 경우가 많다. 막대한 자본력에 의해 홍보와 유통경로를 장악한 제품은 상품화되는데 훨씬 유리한 게 자본주의의 현실이다. 자본을 장악한 대자본이 시장을 장악하여 독과점화되는 승자독식이 가속화될 수 있다.

"진실을 거짓이라 생각하고
거짓을 진실로 생각하면
이것은 끝내 그릇된 소견이니
마침내 진실에 도달하지 못한다.

진실을 진실인 줄 알고
거짓을 보아 거짓을 알면
이것이야말로 바른 소견이니
그는 반드시 진실에 도달한다."

〈법구경〉

Check Point 레몬마켓과 피치마켓

레몬마켓은 생산자와 소비자의 상품에 대한 정보의 비대칭으로 인해 시장에서 불량상품이 팔리는 현상을 말한다. 이와 반대로 정확한 정보의 유통으로 시장에서 우수 상품이 잘 팔리는 것을 피치마켓이라고 한다.

Check Point 메뉴비용

메뉴비용은 상품을 판매하는 기업이 기존의 상품가격을 변경할 때 발생하는 비용을 말한다.

생각해 봅시다 **자본에 의한 불공정한 경쟁과 경제관계의 사례는 무엇인가?**

2) 소득 양극화와 대중빈곤

자본주의 사회에서는 자본이 대기업과 자본가에게 더욱 집중되어 대기업과 중소기업 간에, 노사 간에 양극화가 더욱 심화될 수 있고 실업도 증가할 수 있다(김광수, 2013). 또한 산업화로 인한 도시화가 확산되어 가족과 지역공동체가 해체되고 도농 간에도 양극화가 심화되어 대중빈곤이 커질 수 있다.

Check Point 지니계수

지니계수는 한 나라의 소득 분포의 불균형 정도를 파악하는 수치이다. 계수값이 0에 근접할수록 소득 분포가 균등하고 1에 근접할수록 균등하지 않다.

Check Point 기회비용

기회비용은 어떤 경제적 선택으로 인해 포기 할 수밖에 없는 다른 선택의 가치를 말한다.

3) 자원고갈과 환경파괴

자본주의는 생산이 증가해야 국민총생산(GDP)이 올라가므로 과잉생산과 과소비를 부추겨 한정된 자원을 낭비하고 환경파괴를 초래한다(윤성식, 2010). 또한 자본주의는 무한경쟁의 가속화로 전 세계적으로 자원고갈과 환경파괴를 초래하여 현 세대뿐만 아니라 미래 세대에게도 큰 부담을 주고 있다.

Check Point 유엔기후변화협약(UNFCCC)

유엔기후변화협약(UNFCCC)은 지구온난화에 따른 환경문제를 해소하기 위하여 선진국들은 온실가스 배출량을 1990년 수준보다 최소 5%를 감축하도록 합의한 국제환경협약이다.

Check Point 탄소세

탄소세는 지구온난화를 가져오는 온실가스를 배출하는 석유, 석탄 등 화석에너지의 사용에 부과하는 세금이다.

6. 상품은 삶의 수단인가? 목적인가?

어떠한 경우에도 인간의 삶에서 물질이 목적이 되어선 안된다. 그런데 우리의 현실은 어떤가? 어느 순간부터 내 집을 마련하는 것이 평생의 목적이 되어버렸다. 명품을 소유하는 것이 누군가의 간절한 삶의 목표가 되어 버리고 있다. 자본주의가 가져 온 물신주의에 의해 삶의 목적이 행복의 추구가 아닌 물질의 추구로 변질되어 버렸고 인간이 생산과 소비의 주체가 아닌 인간이 생산과 소비의 수단과 객체로 전락하고 있다.

Check Point 자본주의 = 소비시장의 유지와 확대를 위해 소비를 부추긴다

인간이 살면서 실제로 꼭 필요한 물건은 우리가 생각하는 것보다 많지 않다고 한다. 우리주변을 한번 둘러 보자. 우리가 소유하고 있고 소유하고 싶어 하

LoFt
OUTBACK
SIAM DISCOVERY

ក្រសួងយុត្តិធម៌
MINISTRY OF JUSTICE

제12부

불교의 경제관과 불교경제

제1장 불교의 경제관

1. 욕망에 대한 불교관

물질 = 욕망의 대상
욕망 = 헛된 것
욕망 = 고통
욕망 = 중단

불교에서는 욕망(慾望)은 충족에 의해서 만족되는 것이 결코 아니다고 가르치고 있다. 인간의 욕망은 한이 없기 때문에 인간의 욕망은 결코 채워질 수 없다. 하나의 욕망이 채워지는 순간 또다른 욕망이 생긴다. 따라서 한없는 욕망을 계속 쫓는 것은 결국 고통을 줄뿐이다. 불교에서는 끝없는 욕망의 추구를 멈춰야 고통에서 벗어 날수 있다고 가르치고 있다.

그렇다고 불교에서 물질에대한 욕망 자체를 전적으로 부정하는 것은 아니다. 물질에대한 욕망이 생산적인 일의 동인이 되기 때문이다. 불교에서는 물질에 대한 욕망 자체가 문제가 아니고 물질에 대한 욕망이 끝없다는 것을 모르고 인간이 부질없이 욕망을 추구하다가 고통에 빠지는 것이 문제라고 가르치고 있다.

불교에서는 욕망의 본질을 다음과 같은 경구로 표현하고 있다.

"어리석은 자는 재물로 제 몸을 묶어(愚以貪自縛)
피안으로 건너갈 생각을 잃는다(不求度彼岸)
재물과 애욕에 빠져들어(爲貪愛慾故)
다른 사람을 해치고 또 자신도 해친다(害人亦自害)"

〈법망경〉

Check Point 욕망, 쾌락, 집착, 고통

경제생활에서 물질에 대한 욕망이 충족되면 쾌락이 생기고, 쾌락은 거기에 집착하게 만든다. 또한 욕망이 충족되지 못하면 고통이 생기고 여기에 또 집착한다(이재율, 2013).

"하늘에서 금화를 비처럼 퍼부어도
인간의 욕망을 다 채울 수 없다.
감각적 욕망의 즐거움은 적고
괴로움이 많음을 깨달은 사람은
현명하게 안다."
〈법구경〉

2. 만족에 대한 불교관

불교에서의 만족은 끝없는 욕심이 가득 채워졌을 때가 아니고 불필요하고 불건전한 욕망이 사라졌을 때이다. 불필요하고 불건전한 욕망은 채울 필요가 없고 다 채워질 수도 없다. 또한 욕망이 채워지면 채워질수록 더욱 욕망에 대한 갈망이 증폭된다. 이것이 인간의 본성(本性)이다.

불교에서는 적은 것에 만족할 때 불필요한 욕망의 대상을 얻기 위해 낭비되는 시간과 노력을 효과적으로 줄일 수 있고 이렇게 절약된 시간과 노력은 더 큰 행복을 주는 심성의 개발에 이용될 수가 있다. 물질적 욕망은 본질적으로 허망한 것이고, 근본적으로 물질이 행복을 가져다주지 않는다는 것을 깨닫게 될 때 물질적 욕망으로부터 자유로워질 수 있다.

"만족이 가장 큰 재산이며 신뢰가 가장 소중한 친구이다.
가장 큰 이익은 건강이다.
마음의 평안함보다 더 행복한 것은 없다." 〈법구경〉

Check Point **소욕(少欲) = 만족**

인간이 소욕(少欲)으로 만족할 줄 알 때 인간관계에서 불필요한 경쟁에 의한 갈등을 없애고 우호적인 관계로 발전할 수 있다. 인간이 소욕으로도 만족할 줄 알려면 무엇보다 인간의 욕망은 끝이 없고 본질적으로 물질이 인간을 행복하게 해주지 않는다는 것을 깨달아야 한다(윤성식, 2010: 김광수, 2013).

"애착에서 근심이 생기고 애착에서 두려움이 생긴다.
애착에서 벗어난다면
무엇을 근심하고 무엇을 두려워하랴!

집착에서 근심이 생기고 집착에서 두려움이 생긴다.
만약 집착이 없다면
무엇을 근심하고 무엇을 두려워하랴!"

〈법구경〉

3. 이기심에 대한 불교관

자본주의 = 이기심을 인정 + 이기심을 이용
불교 = 이기심을 수행으로 변화

불교와 자본주의 모두 인간은 이기적이라는데 공감하고 있다. 차이점이 있다면 자본주의는 인간의 이기심을 과잉생산과 과잉소비에 이용하는 경향이 있다. 이에비해 불교는 인간의 끝없는 이기심은 고통을 가져온다는 것을 깨닫고 불교수행으로 스스로를 변화시켜야 된다고 가르치고 있다(윤성식, 2010).

특히 불교는 인간은 이기적이지만 누구나 다 마음속에 이타적(利他的)인 불성(佛性)이 있기 때문에 불교수행을 통해 자신의 마음속에 있는 이타심을 불러일으켜야 한다고 가르치고 있다.

4. 돈에 대한 불교관

돈 = 최고의 가치?
돈 = 수단 ≠ 목적

최근 들어 자본주의 사회에서 돈은 최고의 가치중에 가치로 인식되는 경우가 많아 우려를 자아내고 있다. 돈이면 무엇이든 할 수 있고, 무엇이든 쟁취할 수 있다는 물질만능주의와 물신주의가 만연해지고 있다. 그러나 불교에서 돈은 단지 교환수단에 불과하고 돈의 추구가 삶의 목적은 될 수 없다고 가르치고 있다.

5. 재물에 대한 불교관

불교에서는 인간이 재물을 추구하는 자체가 문제가 아니고, 재물에 집착하는 것을 문제로 보았다. 불교에서 재물은 지혜와 선업(善業)의 결과이고 보시를 통해 복을 얻는 수단으로 보았다.

불교는 인간이 삶을 영위하기 위해 재물을 추구하는 것은 권장하지만, 인간이 재물에 집착하는 것을 경계하고 인간은 재물보다 더 높은 가치인 수행과 깨달음을 추구해야 된다고 가르치고 있다. 불교에서는 재물에 대해 다음과 같이 말하고 있다.

"재물은 지혜와 善業의 증거이고 결과이며 지혜가 있어서 신구의(身口意)의 삼업(三業)이 선(善)해야만 재물을 얻을 수 있다". 〈중아함경〉

Check Point 色卽是空 空卽是色

불교에서는 물질을 색(色)이라고 표현하고, 마음을 공(空)으로 표현한다. 그렇다면 "色卽是空 空卽是色"은 무슨 의미인가?

6. 경제성장과 행복에 대한 불교관

불교는 인간의 행복은 근본적으로 물질의 풍요에 있지 않다고 본다. 행복이 성적순이 아니듯이 행복은 물질적 풍요를 대변해주는 경제성장, 국민소득과 반드시 일치하는 것은 아니다. 경제성장률이 세계에서 가장 높고 국민소득이 세계에서 가장 높은 국가의 국민들이 세계에서 가장 행복한가? 인간의 행복은 경제성장과 국민소득에 의해 정해지지 않는다.

Check Point 이스털린의 역설

이스털린의 역설(Easterlin Paradox)은 경제성장과 행복이 비례하지 않는다는 이론이다. 이스털린은 소득이 질대적으로 낮을 때는 소득이 인간의 행복에 영향을 주지만, 일정 수준을 넘어서면 소득과 비례하여 행복하지 않는다는 것이다(김광수, 2013).

7. 자본 축적과 경제활동에 대한 불교관

자본(資本) = 경제활동을 통한 재(財)의 축적

자본주의의 토대인 자본은 인간이 경제활동을 통해 얻은 재(財)의 축적을 통해 이루어진다. 불교는 인간의 경제활동을 긍정적으로 평가하고 있어 경제활동의 결과인 재와 재의 축적도 긍정적으로 평가하고 있다. 단지 본질적으로 욕망을 추구하는 경제활동과 이를 통한 재의 축적이 절제되지 않고 탐욕으로 흘러서는 안된다고 가르치고 있다.

8. 이자에 대한 불교관

세계 3대 종교인 기독교, 불교, 이슬람교에서 기독교와 이슬람교는 본질적으로 이자를 금지하고 있지만 불교는 경제행위에서 이자를 금지하지 않고 있다.

Check Point 금리와 리보

금리 또는 이자율은 돈의 가격을 말하는데 1년 미만의 금리를 단기금리라고 한다. 일반적으로 금리가 상승하면 주가는 하락한다. 리보(LIBOR: London interbank offered rate)는 신용도가 높은 런던의 은행간 금리로 국제금융시장에서 단기자금이 거래될 때 기준금리로 활용되고 있다.

Check Point 유동성 함정(liquidity trap)

유동성 함정(liquidity trap)은 경기를 부양하기 위해 금리를 내려도 실물경제에 영향을 미치지 못하는 경제상황을 말한다.

9. 법과 윤리에 대한 불교관

이 세상에 완벽한 제도는 없다. 상황은 늘 변하고 예측할 수 없다. 경제활동을 하면서 개인과 개인의 관계도, 개인과 기업의 관계도, 개인과 국가의 관계도, 기업과 국가의 관계도 언제나 갈등이 발생할 수 있는 가능성이 있다. 갈등 당사자 간에 갈등이 해결이 안되면 갈등은 법을 찾게 된다.

불교는 사회를 지탱하고 경제문제를 해결하는 방법으로 법보다는 윤리를 강조한다. 국내외적으로 발생하는 굵직굵직한 경제문제뿐만 아니라 개인간의 사소한 경제문제의 상당부분은 법과 제도가 잘못되어서 발생하기 보다는 본질적으로 인간의 이기심과 탐욕 때문에 발생한다.

불교는 국내외 경제문제의 발생 원인이 인간의 탐욕에 있다고 보고 이러한 탐욕을 경제문제가 발생한 다음에 사후적으로 법으로 해결하는 것보다 윤리와 불교수행을 통해 사전적으로 탐욕을 없애는 것이 더욱 중요하다고 가르치고 있다.

Check Point **오계와 경제윤리**

오계 중에서 살생하지마라, 음행하지마라, 도둑질 하지마라는 것은 다른 사람의 생명, 신체, 재산을 존중하라는 계율이다. 특히 도둑질 하지마라는 계율은 상대방의 재산에 대한 존중이고 남한테 도둑질 당할지 모른다는 불안은 근면한 생산활동을 저해할 수 있기 때문에 계율로서 도둑질을 금하고 있다.

또한 거짓말은 상대방에게 잘못된 정보를 주어 상대방의 경제활동에 피해를 주고 거짓말이 만연되면 정확한 정보를 얻기 위한 정보비용이 추가되고 정확한 경제적 의사결정이 방해될 수 있으므로 계율로 금하고 있다(이재율, 2013).

10. 변화와 혁신에 대한 불교관

세상의 모든 것 = 일시적인 것 = 독자적인 실체는 없다.

최근 들어 글로벌 경제와 기업경영에서 최대의 이슈는 변화와 혁신이다. 국제통상 환경의 변화의 속도가 그 어느 때보다 빠르게 변화하고 있다. 국내외 기업들은 이렇게 급격히 변화하는 통상 환경에서 경쟁력을 잃지 않으려고 변화와 혁신에 적극적이다.

모든 것은 변하고 일시적이라는 불교의 가르침은 이러한 기업의 혁신에 매우 부합된다. 불교에서는 세상의 모든 존재는 독자적인 실체가 없고, 연계되어 공(空)하다고 본다(윤성식, 2010). 즉, 서로 연계되어 있는 조건이 변하면 독자적인 실체는 변하게 된다. 영원한 실체가 없다는 불교의 관점은 기존의 경제시스템과 경영기법에 집착하지 않고 항상 변화할 수 있어 경영혁신에 능동적이고 적극적인 태도를 보여 생산성을 증가시키고 경제를 발전시킬 수 있다.

| 표 12-1 | 동남아 주요국의 신규창업 추이(2004~12년)

(단위: 개)

국 명	2004년	2006년	2008년	2009년	2010년	2011년	2012년
캄보디아	1,049	1,670	2,744	2,003	-	-	-
인도네시아	20,598	23,599	37,106	28,998	38,122	43,775	47,549
태국	31,037	30,235	27,680	27,587	31,806	33,940	41,210

자료: World Bank(2014)

제2장 불교 경제의 특징

1. 불교 = 경제적 토대 위에서 출발

불교는 재가불자와 출가자간에 상호보완적인 관계에서 성립된다. 따라서 불교는 재가불자의 경제행위를 긍정적으로 생각하고 있다.

Check Point 경제행위 = 정진 = 노력하는 것

우리가 일반적으로 말하는 경제행위는 불교의 관점에서 정진(精進)으로 정진은 정려(精勵)로 노력하는 것이다. 그리고 본질적으로 경제행위는 자리(自利) 즉, 스스로의 이익을 위한 행위이지만 각 개인의 경제생활의 안정은 사회질서의 유지에 전제조건이고 필수요건이므로 경제행위는 이타행이 된다(홍성민, 2000).

2. 불교경제학과 자본주의 경제학의 비교

불교경제학(Buddhist Economics)은 경제목표를 최소한의 수단에 의해 달성할 수 있는 방법을 연구 대상으로 한다. 불교경제학은 소비의 최적패턴에 따라 인간의 만족을 극대화시키고자 한다(홍성민, 2000). 이러한 불교경제학의 특징은 소욕지족(少欲知足), 근면, 절제이다(윤성식, 2010).

자본주의 경제학은 경제활동의 목표가 소비이다. 토지, 노동, 자본 등의 생산요소(生産要素)는 소비를 극대화시키는 수단으로 근대경제학은 생산의 최적패턴에 따라 소비를 극대화시키고자 한다(김정우, 2010).

3. 자본주의 경제 = 욕구만족 ⇔ 불교경제 = 소욕지족

자본주의 경제학의 목표는 욕구를 만족시키는 것이다. 불교는 본질적으로 시장과 자본에 대해 친화적이고, 재화에 대해 긍정적이다(윤성식, 2010). 단지 불교 경제의 목표는 욕구만족이 아니고 소욕지족이다. 불교의 가르침은 가능한 한 물질적 욕심을 적게 가지고 작은 것에 만족하라는 소욕지족(少欲知足))이다(김광수, 2013).

불교는 경영도 자비를 통해 무아를 토대로 경영의 목적을 사업을 통해서 자신뿐만 아니라 세상과 남을 위해 봉사하는 정신으로 확대할 수 있다(홍성민, 2000). 인간의 욕망은 끝간데없이 한도 없고 끝도 없다. 따라서 인간의 욕구의 만족은 처음부터 불가능하다. 욕구만족이란 성립하지 않고 성립할 수 없다.

4. 경제행위와 도덕

불교는 개인의 재화 획득과 소유, 소비 등의 경제행위를 모두 수용하고 있다. 불교는 도덕적인 경제행위를 가르치고 있다. 불교는 정당한 방법에 의해서 획득한 재화와 부를 바르게 사용할 것을 가르치고 있다(김광수, 2013).

불교에서는 사회질서 유지 등을 위해 경제적 안정이 필요하고 경제행위는 적극적으로 하지만 돈을 버는 것과 쓰는 것이 모두 도덕에 어긋나서는 안된다고 가르치고 있다(유경준, 1992).

"지붕을 잘못 이은 집에 비가 오면 새는 것처럼
마음을 조심히 가지지 않으면 탐욕이 파고 든다.

지붕을 잘 이으면 비가와도 새지 않는 것처럼
마음을 단단히 해두면 탐욕이 파고들지 못한다."

〈법구경〉

Check Point 불교의 절제자본주의

불교는 본질적으로 자본주의 이념을 부정하지 않고 상당부분 수용한다. 단지 불교는 인간의 탐욕에 의한 독점적인 이윤의 무한추구로 인해 발생되는 많은 경제적 문제를 지적하고 있다. 불교는 탐욕에 대한 절제를 강조한다. 불교는 자본주의에 절제를 권하고 있다.

Check Point 불교 경제윤리 = 경제정책 + 경제행위

불교 경제윤리는 경제 행위에서 신업(身業)과 구업(口業)을 어떻게 할 것이고, 경제정책에서 사고(意業)를 어떻게 할 것인가의 판단기준을 불법(佛法)에서 찾기를 권하고 있다.

5. 불교경제 = 자본주의 한계 극복

불교는 시장자본주의 결함을 극복하여 시장자본주의를 더욱 발전시키는 역할을 할 수 있다. 불교의 교리를 시장자본주의와 접목하면 시장자본주의의 문제점을 개선할 수 있다(윤성식, 2010).

특히 미국에서 시작된 글로벌 금융위기 이후 노출된 시장자본주의의 본질적인 결함을 개선하기 위한 대안으로 절제자본주의가 등장하였는데 이러한 절제자본주의는 불교의 교리와 불교경제관과 매우 일치하고 있다.

6. 불교경제 = 물질로 인한 고통을 해결

불교는 인간세상을 고통으로 보고 고통을 해결하는 것을 목적으로 하는 종교이다. 불교경제는 이러한 불교의 목적에 의해 물질로 인한 인간의 정신적 고통을 해결하는데 목적이 있다.

7. 불교경제의 목적 ≠ 물질추구 = 행복추구 = 가치추구

불교경제는 인간이 경제행위를 하는 궁극적인 이유는 물질적 욕망을 충족하는데 있지 않고 행복(幸福)하고 가치있는 삶을 추구하는데 있다. 불교에서 추구하는 행복은 진리의 깨우침을 통한 마음의 평온이다(홍성민, 2000: 김광수, 2013).

행복한 인생은 인간이 어떻게 살아왔는가에 달려있다. 인간이 한 평생 물질을 추구했는지 행복을 추구했는지 시대는 변해도 삶과 행복의 본질은 변하지 않는다.

8. 불교경제 = 공공재 ↑ + 자유재 ↑

인간의 삶에서 물질과 재화는 필연적으로 요구된다. 사회가 복잡해질수록 필요한 물질과 재화는 많아진다. 복잡해진 사회만큼 재화는 더욱 많아진다. 무한적으로 많아지는 모든 재화를 경제여건이 다른 모든 인간이 다 소유할 수는 없다.

사회에서 많은 재화가 공공재(公共財)와 자유재(自由財)로 제공된다면, 재화와 물질에 대한 인간의 욕심과 욕망을 줄일 수 있다

Check Point 경제재와 자유재

경제재는 공급이 제한되어 반드시 경제적 대가를 지불해야만 얻을 수 있는 상품이고 이에 비해 자유재는 공급이 무한하여 아무런 경제적 대가를 지불하지 않아도 얻을 수 있는 것을 의미한다.

Check Point 무일물중무진장(無一物中無盡藏)

"무일물중무진장(無一物中無盡藏)
아무것도 소유하지 않은 곳에 무한의 소유가 있다."(홍성민, 2000)

Check Point Sharing Economy

공유경제(Sharing Economy)는 재화와 공간 등을 한 사람이 독점하여 소유하여 사용하지 않고 공유하는 비즈니스 모델을 의미한다.

9. 축적된 부의 사용

자본주의 사회나 불교 사회나 모두 경제활동의 목적중에 하나는 부의 축적이다. 그런데 자본주의 사회는 축적된 부로 육체적 안위에 맞추어 소비를 하고 불교사회는 정신적 안락에 맞추어 소비를 하는 차이점이 있다(정미경, 2009).

LDB

100% Pure Milk

제13부

불교와 소비·생산

제1장 불교와 소비

1. 불교의 소비관

소욕지족 → 물질에 대한 의존↓ → 물질로부터 자유

소비의 근본적인 목적은 생존이다. 또한 소비는 물질에 대한 인간의 본질적인 욕구를 충족시키는 과정인데 불교에서는 소비를 최소화하여 물질에 대한 의존을 최소한으로 줄이면 물질에 의존되고 종속된 경제생활에서 벗어나 물질로부터 자유로워지는 간소한 삶을 영위할 수 있는 경제생활을 할 수 있다고 가르치고 있다(김광수, 2013).

"비록 적게 얻었다하더라도 가볍게 생각하지 말라". 〈법구경〉

Check Point 소비자물가지수

소비자물가지수는 소비자가 체감하는 물가 수준을 파악하기 위한 물가지수이다.

표 13-1 동남아시아 국가별 1인당 구매력 지수 GNI

(단위: 달러)

GNI ppp	2000	2001	2002	2003	2004	2005	2006	2007	2008	2009	2010
캄보디아	280	300	300	340	390	440	500	560	630	650	760
라 오 스	280	300	320	340	400	450	510	610	750	880	1,010
태 국	1,960	1,900	1,900	2,060	2,360	2,580	2,860	3,240	3,670	3,760	4,210
베 트 남	390	410	430	470	540	620	690	780	910	1,000	1,100

자료: ADB(2014)

2. 소욕과 지족 = 자원 낭비↓

인간이 소욕지족의 마음 자세로 필요한 물질만을 소유하고 소비를 절약하면 물질의 낭비를 줄일 수 있다. 특히 소욕지족으로 물질의 낭비를 줄이는 것은 본질적으로 한정된 물질과 무한의 소비욕구의 차이에서 항상 발생하는 경제문제를 완화시킬 수 있다.

"근면하라.
탐욕의 즐거움에 길들여지지 말라.
깊게 생각하고 게으르지 않으면,
큰 안락을 얻게 될 것이다."
〈법구경〉

3. 소욕적인 소비 = 분수에 맞는 소비

소욕(少欲)은 무조건 소비를 억제하는 것을 의미 하지 않는다. 소욕적인 적정소비는 각자의 수입과 자산의 능력에 부합하여 넘침과 부족함이 없는 분수에 맞는 경제행위를 말한다(윤성식, 2010).

"진실로 자신의 소유가 아닌 것은
다 버려라." 〈잡아함경〉

Check Point bandwagon effect

밴드왜건 효과(bandwagon effect)는 소비자가 필요성이 아닌 유행에 편승하여 상품을 구입하는 소비현상을 말한다. 어떤 상품에 대한 수요가 증가하면 다른 사람들도 그에 편승해서 상품을 구매하는 소비현상을 의미한다.

Check Point snob effect

스놉(snob)은 속물을 의미하는 것으로 스놉효과(snob effect)는 특정 제품에 대한 소비가 증가하게 되면 오히려 그 제품의 수요가 감소하는 현상을 의미한다.

Check Point diderot effect

디드로 효과(diderot effect)는 소비자가 어떤 특정 상품을 소유하게 되면 그 상품과 어울리는 다른 상품을 지속해서 구매하는 현상을 의미한다.

Check Point veblen effect

베블런 효과(veblen effect)는 상품가격이 상승함에도 불구하고 과시욕으로 소비가 줄어들지 않는 현상을 의미한다.

Check Point 불교의 소비지출 사분법(四分法)

잡아함경에 있는 소득의 소비지출에 관한 사분법(四分法)은 분수에 맞는 합리적인 소득분배와 소비지출에 관한 지침이다. 불교에서는 소득을 넷으로 나누어 가정의 생계비, 대인관계, 저축, 미래에 대비해야 된다고 가르치고 있다. 즉, 수입의 4분의 1은 생계비에 등에 소비하고 2분의 1은 생업을 유지하고 발전시키는데 재투자하고 4분의 1은 불확실한 미래를 대비하여 저축을 해야 한다는 것이다(김광수, 2013: 이재율, 2013).

"때가 되어서 행하는 노력으로는 할 일을 다 하지 못한다.
미리 노력해야 할 일을 다 한다." 〈밀린다 왕문경〉

4. 불교 소비 = 내세를 위한 소비 〉 현세적인 소비

불교에서 소비는 불교의 윤회설에 의해 현세적인 소비보다 내세를 위해 공덕을 쌓는 소비를 더욱 중요하게 생각한다(정미경, 2009). 종교는 믿음과 실천이다. 내세에 대한 믿음이 보시라는 실천을 유발한다.

5. 소욕지족 → 소비에 대한 욕망 ↓ → 물신주의 ↓ → 가치 있는 삶을 추구

인간이 소비에 있어 소욕지족의 마음자세를 가지면 채워도 채워도 채워지지 않은 소비에 대한 끝없는 욕망으로부터 벗어나 물신주의로부터 벗어 날 수 있다. 인간이 물신주의에 빠지면 자신도 모르게 자신의 시간과 에너지를 물질을 추구하는데 낭비하게 된다.

그런데 인간이 소욕지족의 소비를 생활화하면 기존에 물질추구 때문에 낭비했던 시간과 에너지를 더 가치는 삶을 위해 값지게 쓸 수 있다. 이처럼 소욕지족의 삶은 물질에 가려지고 물질에 묻혀 미처 발견하지 못했던 가치 있는 삶을 선물해준다.

Check Point 대체재와 보완재

대체제는 어떤 상품의 시장가격이 내려가면 그 상품의 수요는 증가하지만 다른 상품은 수요가 감소하고 어떤 상품의 시장가격이 상승하면 그 상품의 수요는 줄어들지만 다른 상품은 수요가 증가하는 관계에 있는 상품을 의미한다.

이에 비해 보완재는 어떤 상품의 시장가격이 내려가면 그 상품의 수요가 증가하면서 다른 상품의 수요까지 늘어나고 어떤 상품의 시장가격이 올라가면 그 상품의 수요뿐만 아니라 다른 상품의 수요까지 동반하여 감소하는 관계에 있는 상품을 의미한다.

Check Point 재산을 탕진하는 이유

불교에서는 인간이 재산을 탕진하는 이유는 다음과 같은 여섯가지 때문이라고 한다. 육방예경에서는 "여섯 가지 일 때문에 돈과 재산이 날로 줄어드니, 술 마시는 일과 도박을 즐기는 일, 그리고 초저녁에 자고 늦게 일어나는 일, 나쁜 친구와 사귀는 일, 교만하여 남을 업신여기는 일을 경계하라."고 하였다(김광수, 2013).

술은 질병, 우둔, 분노, 재산 낭비 등을 가져오고, 도박, 방탕, 풍류, 나쁜 친구는 낭비를 부추긴다. 게으름도 근면한 노동을 막아 재산을 탕진하게 한다(이재율, 2013).

"쇠에서 녹이 생겨나
쇠를 부식시키듯

악은 자신의 마음에서 생겨나서
도리어 자신의 몸을 파괴시킨다.
마치 쇠에서 생겨난 녹이
쇠를 부식시키듯이."

〈법구경〉

Check Point 채무불이행(債務不履行)

채무불이행(債務不履行)은 채무자 돈을 변제할 능력이 없는 상태를 말한다.

Check Point 음주를 금지하는 이유

불교에서는 사람을 나태하게 하고 우둔하게 하는 원인가운데 가장 큰 요인이 음주(飮酒)라고 생각하여 음주를 금하고 있다. 특히 음주로 인해 오계중에서 사계를 지킬 수 없기 때문이다(이재율, 2013: 홍성민, 2000).

6. 과소비 = 도덕적 타락

불교에서 과소비는 경제적인 측면에서 물자와 자원을 낭비하는 것에 그치지 않고 욕망에서 헤어나지 못하게 하여 도덕적 타락을 유발할 수 있다고 가르치고 있다.

Check Point Artygen = Arty + Generation

아티젠(Artygen)은 Arty와 Generation의 합성어이다. 예술이 결합된 상품을 선호하는 소비 계층을 말한다.

Check Point Yuppies = Young + Urban + Professional

여피족(Yuppies)은 젊은(Young), 도시(Urban), 전문직(Professional)의 영문 머리글자를 따서 만든 신조어로 도시에 거주하는 젊은 전문직종 종사자를 의미한다.

Check Point Girlish Consumer

걸리시 소비자(Girlish Consumer)는 나이가 들었어도 10대 소녀같은 감성을 갖고 소비하는 계층을 말한다.

제2장 불교와 생산

1. 생산에 대한 불교의 관점

불교는 인간의 삶에 필요한 재화를 창출하는 생산을 중요하게 생각한다. 불교에서는 특히 생산에서 숭고한 노동의 가치를 높이 평가하고, 성실한 노동이 인간의 삶을 지탱하게 하여 더 높은 가치를 추구할 수 있는 토대를 마련해 준다고 가르치고 있다. 특히 불교에서 생산물의 결과인 재화는 가난한 이웃에게 사용될 수 있는 복전의 토대로 생각되었기 때문에 생산은 재보시를 할 수 있는 소중하고 중요한 경제행위이다.

Check Point 공급의 법칙

공급의 법칙은 상품가격이 상승하면 공급량이 늘고, 상품가격이 하락하면 공급량은 감소하는 법칙이다.

2. 불교의 경제원리 = 생산을 장려하고 생산에서 근면을 강조

불교 초창기에는 모든 물자가 부족했고, 부족한 물질은 인간의 생존에 직접적인 영향을 미쳤기 때문에 불교는 생산을 장려하였고 근면한 태도에 의한 성실한 노동을 강조하였다.

"삼경이 아니면 삼자지 말라.
한 평생을 헛되이 보낸다면 두고두고 한이 될 것이다." 〈자경문〉

"마땅히 할 일은 하지않은 채 내버려 두고

해서는 안 될 일을 하여
자만심에 빠진 사람에게 번뇌가 커진다.

마땅히 해야 할 일을 쉬지않고 하고
해서는 안 될 일을 하지않아
스스로 깨달으면 바른 지혜가 커진다."

〈법구경〉

| 표 13-2 | 동남아 노동자 1인당 생산액(Output per worker) 추이

(단위: 천 달러, %)

국 명	2000년	2006년	2007년	2008년	2009년	2010년	2011년	2012년	연평균 증가율(%)
캄보디아	2.3	3.2	3.4	3.5	3.4	3.5	3.7	3.8	4.3
라 오 스	3	3.9	4	4.2	4.4	4.6	4.9	5.1	4.5
태 국	10.3	12.6	13	13.2	12.9	13.8	13.7	14.4	2.8
베 트 남	2.9	4.1	4.3	4.5	4.7	4.9	5.1	5.3	5.2

자료: ILO(2014)

Check Point 규모의 경제

규모의 경제(economy of scale)는 생산요소 투입량의 증가에 의해 생산규모가 커질수록 생산비가 절약되는 경제현상을 말한다.

3. 노동 = 보은 = 공동체 발전

노동은 본질적으로 자신의 생존을 위해 의식주에 필요한 재화를 생산하는 것이지만 결국 성실한 노동에 의한 생산성 향상은 자신뿐만 아니라 공동체의 유지와 발전에 큰 기여를 하였다. 특히 언제나 물자가 부족하여 곤란을 겪었던 불교 초창기에 성실한 노동에 의해 생산성이 증가되어 물자가 늘고 가격이 내려가는 것은 어떤 무엇보다 공동체의 유지에 필요한 부분이었다.

이와 반대로 노동자가 성실하게 노동하지 않고 게으르고 불성실하여 생산량이 줄어드는 것은 개인의 소득이 줄어드는 것뿐만 아니라 절대적인 생산량의 감소를 가져와 공동체의 유지에 악영향을 줄 수 있다.

"잠든 사람들 속에서도
깨어 있는 사람

게으른 사람들 중에서도 부지런하고
잠든 사람들 속에서도 깨어 있는 사람은
빨리 달리는 경주마와 같아서
느린 말을 앞지른다.

인드라 신은 부지런하여
신들 가운데서 으뜸이 되었다.
부지런함은 항상 찬양을 받고
게으름은 항상 비난을 받는다."

〈법구경〉

| 표 13-3 | 동남아 주요국의 상대적 생산성 비교(2012년)

국 명	1인당 GDP의 상대비율	경제활동참가율의 상대비율	취업자 비율의 상대비율	노동자1인당 생산액의 상대비율
캄보디아	0.4	1.18	1.04	0.34
인도네시아	0.8	0.97	0.98	0.84
라오스	0.5	1.11	1.03	0.45
말레이시아	2.9	0.85	1.01	3.08
필리핀	0.7	0.94	0.97	0.84
태국	1.6	1.04	1.04	1.27
베트남	0.7	1.11	1.02	0.46
아세안 전체	1.0	1.00	1.00	1.00

자료: ASEAN Secretariat, ILO KLIM, 곽성일 외(2014)

4. 올바른 생산 = 올바른 생산 수단

불교는 기본적으로 성실한 노동을 통한 재화의 생산과 이를 통한 부의 축적을 부정적으로 보지 않았다. 그러나 불교는 재화의 생산과 부의 축적의 수단이 정당해야 됨을 강조하고 있다. 인간의 재화 생산과 부의 축적에 대한 욕구는 경제력 향상의 동인이 되고 강한 추진력으로 작용하는 경우가 많다. 불교는 이러한 인간의 기본적인 욕구를 인정하고 있다. 단지 올바르지 않은 수단과 방법에 의한 생산과 부의 축적은 금하고 있다.

Check Point Prosumer = producer + consumer

프로슈머(Prosumer)는 생산자(producer)와 소비자(consumer)가 합성한 말로 소비자의 니즈를 반영하여 상품을 제작하는 생산자겸 소비자를 말한다.

5. 불교와 환경보호

1) 환경 파괴 = 부적절한 생산 방법

산업혁명 이후 본격화된 산업사회에서 생산방식은 대량생산을 가져와 항상 물자부족에 의해 힘들게 살고 있던 인류에 큰 공헌을 하였지만 자원 고갈, 환경 파괴를 가져 왔고 이에 따라 생태계가 교란되고 있다.

불교에서는 근면하고 성실한 노동에 의한 생산은 적극 권장하였다. 그러나 정당하지 않고 부적절한 방법에 의한 생산은 경계하였다. 환경을 파괴하면서 인간만을 위해 재화를 생산하는 것은 지구에 인간과 함께 사는 다른 개체에 대한 배려가 없는 인간의 이기심과 탐욕에 의한 것으로 바르지 못한 생산 방법이다.

| 표 13-4 | 동남아시아 환경 현황(2010)

(단위: %)

국 가	위생시설 접근성	수자원 접근성
캄보디아	31	64
라오스	6	67
미얀마	76	83
태국	96	96
베트남	76	95

자료: WDI(2012)

2) 불교 = 자연과 인간의 공존

불교의 연기법에 의하면 자연과 인간은 상호 연계되어 있는 관계이지 정복의 대상이 아니다. 인간이 연기의 관점에서 자연을 정복의 대상에서 동반자로 재

인식한다면 자연과 동반 발전하려는 노력을 하게 된다. 불교는 기본적으로 자연과 인간의 조화를 통한 공존을 가르치고 있다.

"살아 있는 것들은 모두 다 행복하다." 〈숫타니파타〉

| 표 13-5 | 메콩강 유역의 권역별 개발활동과 파생되는 환경문제

권 역	주요 개발활동	파생되는 환경문제
란창강 유역	도시 및 공업개발, 관개·인프라 개발, 댐건설, 과잉수렵, 화전 및 이동경작, 수로 개량	생물 다양성의 상실, 수면 변화, 토양 유출 및 토양의 영양분 상실
라오스 유역	과잉삼림벌채, 화전·이동경작, 과잉수렵, 댐건설, 광산	삼림궤멸 및 피폐, 지역생태계 파괴, 생물 다양성의 상실, 토양 유출 및 토양의 영양분 상실, 모래퇴적
태국 동북부·비엔티안 유역	관개, 도시 개발, 농업 및 공업개발, 인프라 개발, 벌채, 토지잠식, 광산	지류수의 수질 악화(공해, 염류화, 표사운반), 서식처 및 생물 다양성의 상실, 수생물의 번식 및 성장기반 상실, 삼림 궤멸 및 피폐, 지역생태계 파괴, 토양 유출 및 토양의 영양분 상실
중부 베트남 고원	과잉삼림벌채, 화전 및 이동경작, 과잉수렵, 댐건설, 집약적 이주지 개척	삼림궤멸 및 피폐, 지역생태계 파괴, 생물다양성의 상실, 토양 유출 및 토양의 영양분 상실, 모래퇴적
캄보디아 유역평야, 습지대·배후지	과잉삼림벌채, 화전 및 이동경작, 과잉수렵 및 채취, 습지대로의 잠식, 농업의 확대	삼림궤멸 및 피폐, 지역생태계 파괴, 생물다양성의 상실, 수(水)생물의 번식 및 성장기반 상실, 모래퇴적
메콩델타	과잉삼림벌채, 습지의 수산양식 전환, 산성토양에서의 농업, 도시 및 공업개발, 인프라개발, 내륙수운 개선	생물다양성의 상실, 연안의 자연생태계 손실, 삼림궤멸 및 피폐, 지역생태계 파괴, 농업 및 수산양식에 따르는 부정적 효과

자료: 笠井 利之(1997. 4) 정재완 외(2003)

Check Point Agflation = agriculture + inflation

애그플레이션(Agflation)은 농업(agriculture)과 인플레이션(inflation)의 합성어이다. 애그플레이션은 농산물 가격이 상승하면서 일반 물가도 상승하는 경제 현상이다. 최근 들어 환경파괴로 인한 지구온난화로 식량생산이 감소하고 있다. 또한 사탕수수와 옥수수를 활용한 바이오 연료의 사용이 증가하면서 식량 부족 현상이 증대되고 있다.

Check Point 교토의정서(Kyoto Protocol)

교토의정서(Kyoto Protocol)는 1997년 일본 교토에서 전 세계적인 온실가스의 실질적인 감축을 위해 온실가스의 배출량에 대한 구체적인 감축 목표를 설정한 기후변화협약이다.

Check Point 환경 경제학(environmental economics)

환경경제학(environmental economics)은 경제학의 한 분야로 연구대상은 경제활동과 환경의 관계이다. 환경경제학은 경제개발과 환경보호의 관점에서 경제적 효율성(economic efficiency)과 생태적 효율성(ecological efficiency)을 종합적으로 분석하여 환경친화적인 지속가능한 경제발전을 연구한다.

표 13-6 한국의 기후변화 및 환경분야 무상원조 지원현황

대상국가	연도	주요 사업	총지원액
캄보디아	2010	캄보디아 폐기물 위생매립장 건립 타당성조사 사업(개발조사)	225
	2011	녹색성장정책 지원사업(GGGI)(프로젝트)	1,598
베트남	2003	베트남 산업오염방지 지원사업(프로젝트)	629
	2007	산업폐수처리 역량 강화(프로젝트)	879
	2007	베트남 환경교육센터 설립사업	1,322
	2011	녹생성장정책 지원사업(GGGI)(프로젝트)	932
인도네시아	2005	남아시아 지진해일 인도네시아 망그로브 숲 복원사업(프로젝트)	16
	2006	남아시아 지진해일 인도네시아 망그로브 숲 복원사업(프로젝트)	1,861
	2006	인니 산림 및 생태관광학교 능력 강화사업(프로젝트)	13
	2007	인니 산림 및 생태관광 역량 강화사업(프로젝트)	914
	2008	열대림 임목종자 관리 및 개발(보고르 룸핀, 소택)(프로젝트)	1,757
	2008	한·인니 산림분야 기후변화대응 역량 강화사업(프로젝트)	2,130
	2010	인도네시아 기후변화 대응을 위한 해안보호 및 관리정책사업(프로젝트)	2,999
	2011	녹생성장정책 지원사업(GGGI)(프로젝트)	1,065
	2011	인도네시아 빠리아만 지역 위생환경 개선사업(NGO: 팀엔팀)	170
계			16,510

자료: 한국국제협력단(2012), 권율 외(2012)

Siam Silk

제14부

업·자비사상과 직업

제1장 불교의 직업관

1. 직업은 개인과 사회의 연계고리

일반적으로 인간이 직업을 갖는 이유는 자신과 가족의 생계를 위하고 자신의 자아를 실현하기 위해서이다. 인간은 자신의 직업을 통해 사회에 참여하고, 반대로 사회는 개인들의 직업을 통해서 유지 발전되고 있다. 이처럼 직업은 개인과 사회의 연계고리 역할을 하고 있다.

2. 불교의 직업관 = 업

인간의 삶에서 인간이 어떤 일을 하느냐, 즉 직업이 무엇이냐는 그 사람을 결정짓고 그 사람을 평가하는데 중요하게 작용한다. 과거 신분사회에서는 어떤 신분으로 태어났느냐가 그 사람의 직업을 결정짓는데 지대한 역할을 하였다.

초기불교 시대는 엄격한 신분 사회였다. 그 시기 개인의 직업은 신분에 의해 결정되었다. 그런데 불교는 개인의 직업이 그 사람의 출생과 신분에 의해 정해지지 않고 각 개인의 전생의 업(業, Karma)에 의해서 정해진다고 가르치고 있다.

"이승에서 걱정하고 저승에서 걱정하고
악을 행한 사람은 두 곳에서 걱정한다.
이것도 번민이요 저것도 두려움
죄를 지은 자신의 업을 보고.

이승에서 기뻐하고 저승에서 기뻐하고
선을 행한 사람은 두 곳에서 기뻐한다.
이것도 기쁨이요 저것도 기쁨이다
복을 지은 자신의 업(業)을 보고"

〈법구경〉

Check Point 전생의 공덕 → 전생의 업 → 현세의 신분, 지위

불교에서는 개인의 현재의 신분, 지위, 직업은 전생에 개인이 쌓은 공덕에 따른 업에 의해 결정된 것이라고 가르치고 있다.

Check Point 현세의 공덕 → 전생의 업 → 미래의 신분, 지위

불교에서는 현세에 공덕을 많이 쌓으면, 이러한 현세의 공덕이 좋은 업이 되어 미래에 좋은 신분과 지위를 얻을 수 있으므로 현세에 불교의 가르침에 따라 많은 선업(善業)을 쌓으라고 가르치고 있다.

Check Point 붓다와 카스트 제도

붓다는 인간이 자신의 의지, 행위와 상관없이 출생과 신분에 따라 개인의 평생 지위와 직업이 결정되는 인도의 엄격한 카스트제도를 수용하지 않았다.

3. 올바른 직업 → 올바른 재화 획득

불교에서는 인간이 삶을 영위하기 위한 재화의 획득은 필연적으로 보고 있다. 그런데 재화의 획득과정은 올바르게 행해져야 하고 재화의 획득과정이 올바르려면 올바른 직업에서 일해야 된다고 가르치고 있다. 바르지 못한 직업에 의한 재하의 획득은 죄를 범할 수 있고, 탐욕에 빠질 수 있기 때문이다.

4. 직업에서 기술과 교육이 최우선

"불교에서는 기술을 가장 먼저 배우고, 재물을 모으며 잘 가르치는 것이 첫째가는 재물이라고 가르치고 있다". <잡아함경>

이처럼 불교에서는 생산적인 일에 가장 필요한 기술의 습득을 강조하고 있고 이렇게 기술의 습득을 통해 성실히 일해 축적한 재산을 정당하게 보았다. 또한 올바른 교육을 강조하고 있다.

| 표 14-1 | 동남아시아 국가들의 고등교육 학위 취득률(2010)

(단위: %)

국 가 명	전체 인구 대비 취득률
캄보디아	4.4
라 오 스	4.8
미 얀 마	10.4
태　　국	29.0
베 트 남	10.1

자료: WDI(2014)

| 표 14-2 | 동남아 노동인구(labor force)의 교육수준

(단위: %)

국　　명	초등교육 이하	초등교육	대학교
캄보디아 (2012)	48.7	28.0	2.8
싱가포르 (2012)	0.0	20.7	29.4
태　　국 (2012)	29.2	39.2	17.1

자료: World Bank(2014)

| 표 14-3 | 동남아 중·고등학교 및 대학교 등록률 추이

(단위: %)

국　　명	중학교 등록률		대학교 등록률	
	2002년	2012년	2002년	2012년
캄보디아	34.5	62.6	2.5	15.8(2011)
라 오 스	48.7	58.1	4.2	16.7
미 얀 마	43.3	57.6(2010)	10.3(2001)	13.8(2011)
태　　국	76.7	98.6	40.0	51.4
베 트 남	84.7	92.0	9.6	24.4

자료: World Bank(2014)

5. 불건전한 직업과 부정한 돈

불교에서는 제손으로 생명을 죽이는 살생과 관련된 직업, 사회에 악영향을 주는 무기, 독약, 술 등을 거래하는 직업 등을 불건전한 직업으로 보았다. 또한 남을 속이거나 폭력으로 획득한 재물과 돈을 부정한 것으로 보았다(홍성민, 2000).

불교에서는 농업을 가장 가치있는 직업 중에 하나로 보았는데 불교에서는 바람직하고 가치있는 직업과 불건전한 직업의 판단기준을 사회적 신분과 부의 축적에 두지 않고 사회의 필요성과 도덕성에 의해 두고 있다.

Check Point **분식회계**

분식회계(粉飾會計 : Window Dressing Settlement)는 기업이 의도적으로 자산과 이익은 실제보다 부풀리고 부채는 실제보다 줄여서 회계장부에 기록하여 기업의 재무상태를 조작하는 것이다.

6. 재가 불자와 출가자의 경제활동

출가자 = 수행 ↔ 재가자 = 생업

불교에서는 원칙적으로 출가 수행자인 승려는 경제활동을 할 수 없고 오로지 수행에만 정진해야 한다. 이에 비해 재가불자는 생업에 종사할 수 있다. 출가 수행자들은 자신들만을 위해서 수행을 하는 것이 아니라 깨달음을 재가불자들에게 전함으로써 정신적 서비스를 제공하는 역할을 하고 있다(이재율, 2013).

"진리를 추구하는 길을 버리지 않고 그러면서도
범부의 일상생활을 하는 것 그것이 올바른 참선이다." 〈유마경〉

제2장 자비 정신과 경제행위

1. 자비(慈悲)에 의한 복지국가 건설

자비(慈悲)는 중생들의 고통을 없애주고 즐거움을 주는 행위이다. 자비는 고통당하는 사람들을 가엾이 여겨 보살피고 즐거워하는 자들과 함께 기뻐하는 것을 말한다(이재율, 2013). 불교의 경제관은 궁극적으로 자비정신에 입각하여 중생들이 고통없이 즐겁게 살 수 있는 복지국가(福祉國家)를 이룩하는 것이다. 불교경제는 현대 경제학의 후생경제학과 유사하게 복지국가를 이룩하는데 있다.

불교에서 가장 중요하게 생각하는 정부의 역할은 모든 국민들에게 최소한의 생활을 보장하는 복지국가 정책을 추진하는 것이다(윤성식, 2010). 불교 경전에는 국가의 복지에 대한 역할과 의무에 대해 다음과 같이 말하고 있다.

"나라 안에 빈궁한 사람이 있으면 재물을 내어 구제하여라" <중아함경>

Check Point 사회안전망

정부가 국민들을 사회적 위험으로부터 보호하기 위하여 마련한 사회제도를 말한다.

2. 불교 = 분배 〉 생산

초기 불교의 경제관은 생산도 중요하지만, 적극적 보시를 위해 생산보다는 생산된 재화와 부의 분배를 더욱 중요하게 생각하였다. 특히 불교에서는 마을 전체에 형평한 분배를 하고 마을 공동체의 발전을 위해 공공사업을 중요하게 간주하였다(홍성민, 2000).

분배가 원활하게 이루어지려면 탐욕을 버려야 한다. 탐욕의 마음으로는 이타적이고 공통체를 위한 사회적 배분이 이루어 질 수 없다. 불교의 자비 경제관은 근면에 기초한 생산도 중요하지만, 생산된 재화를 공평하게 많은 사람들에게 분배하여 공동체 모두가 행복한 사회를 추구한다.

3. 자비에 의한 경제주체 관계

경제주체들은 상호 호혜적이고, 상호보완적인 관계임에도 불구하고 갈등과 반목의 대상이 되기도 한다. 불교의 자비의 가르침에 의해 경제주체들이 서로를 바라보면 갈등과 반목보다는 서로의 필요성과 고마움에 눈뜨게 되어 상호관계가 더욱 우호적으로 변하게 된다.

어떤 마음과 어떤 관점에서 대기업이 중소기업을 바라보느냐에 따라 경제주체들간의 경제관계는 다양하게 정립될 수 있다. 생산자가 소비자를 자비의 마음으로 늘 대한다면 불량식품은 사라질 것이고, 생산자와 소비자가 자연을 자비의 눈으로 본다면 자연보호는 구호에서 끝나지 않고 생활 속에서 자연스럽게 지켜질 것이다.

"명예를 얻고자 하면 계율을 지키고 재물을 얻고자하면
보시를 행하고 덕망을 높이고자 한다면 진실한 삶을 살고
좋은 벗을 얻고자 하면 먼저 은혜를 베풀어라." 〈잡아함경〉

4. 보시 = 자비의 실천 = 자비의 경제행위 = 복전

보시(布施, Dāna)는 불자들의 적극적인 자비의 실천이고, 보시는 공덕을 쌓아 복을 받을 수 있는 복전이다. 복전은 다른 사람에게 베풀면 그것이 공덕이 되어 복의 씨앗이 된다는 것이다(이재율, 2013).

보시는 이처럼 개인에게도 공덕을 쌓을 수 있는 선업의 기회가 되고 이러한 선업이 공익을 증진시켜 다른 사람과 지역공동체뿐만 아니라 복지국가의 토대가 될 수 있다(김광수, 2013).

"참음으로써 화를 이기고
선으로써 악행을 이긴다.
승자만이 보시할 수 있고
지극한 정성으로 거짓을 이긴다."
〈법구경〉

5. 보시 = 능력에 부합하게 마음을 주고 받는 것

보시는 자신의 것을 기꺼이 다른 사람에게 나누어준다는 자비의 행위이다.

따라서 보시를 할 때는 생색을 내서도 안되고 인색함이 묻어 있어도 안된다. 그렇다고 해서 자신의 경제력을 상회하는 지나친 보시도 지양해야 한다. 보시는 자신의 능력에 부합하게 하여 주는 사람도 받는 사람도 부담없이 따뜻한 마음을 주고받는 것이다.

| 표 14-4 | 메콩강 유역 5개국에 대한 ODA 유입 추이(1992~2000년)

(단위: 백만 달러)

국 명	지원상대	1992	1993	1994	1996	1997	1999	2000
라 오 스	2국간	76.9	92.2	123.8	147.9	165.7	211.0	195.1
	DAC	76.9	92.2	123.8	147.5	164.8	210.5	194.3
	기 타	-	-	-	0.4	0.9	0.5	0.8
	다자간	88.4	114.6	94.7	184.6	163.5	84.5	86.1
	합 계	165.3	206.8	218.4	332.5	329.1	295.4	281.2
캄보디아	2국간	95.4	196.6	181.0	252.8	230.3	167.4	248.8
	DAC	95.4	196.6	181.0	252.5	228.4	167.1	248.0
	기 타	-	-	-	0.3	1.9	0.3	0.8
	다자간	111.4	120.2	155.6	169.0	105.1	111.8	149.8
	합 계	206.8	316.8	161.6	43.0	50.0	81.1	106.8
미 얀 마	2국간	82.7	77.3	142.8	46.2	40.1	52.6	69.1
	DAC	82.7	77.3	142.8	45.3	23.6	44.7	68.1
	기타	-	-	-	0.9	16.5	7.9	1.0
	다자간	32.4	24.2	18.8	-3.3	10.0	28.6	37.8
	합 계	115.1	101.5	161.6	43.0	50.0	81.1	106.8
베 트 남	2국간	474.0	224.0	585.6	488.7	596.9	1,021.6	1,263.8
	DAC	474.0	224.0	585.6	469.5	585.5	1,017.7	1,247.8
	기타	-	-	-	19.2	11.4	3.9	16.0
	다자간	109.3	34.0	311.2	450.3	401.3	407.1	435.9
	합 계	575.1	258.0	896.8	939.0	998.3	1,428.7	1,699.5
태 국	2국간	696.0	566.2	543.2	798.8	595.7	993.4	623.0
	DAC	696.0	566.2	543.2	802.6	600.8	994.8	625.2
	기 타	-	-	-	-3.8	-5.1	-1.4	-2.2
	다자간	81.4	51.0	41.3	31.1	30.3	16.4	17.7
	합 계	770.9	611.1	578.2	829.9	626.0	1,009.8	640.7

자료: OECD(2014)

표 14-5 국가간 ODA의 지원분야별 구상(2000년)

(단위: 백만 달러)

국 명	분 야	금 액
캄보디아	사회인프라 · 서비스(교육, 보건, 상하수도)	117.7
	경제인프라 · 서비스(수송, 통신, 에너지)	25.0
	생산분야(농 · 공 · 제조업 등)	14.0
	다목적 지원	7.0
	프로그램 지원	30.0
	외채 관련	-
	긴급 지원	23.2
라 오 스	사회인프라 · 서비스(교육, 보건, 상하수도)	81.7
	경제인프라 · 서비스(수송, 통신, 에너지)	38.3
	생산분야(농 · 공 · 제조업 등)	23.4
	다목적 지원	4.6
	프로그램 지원	17.7
	외채 관련	2.9
	긴급 지원	4.2
미 얀 마	사회인프라 · 서비스(교육, 보건, 상하수도)	24.8
	경제인프라 · 서비스(수송, 통신, 에너지)	2.8
	생산분야(농 · 공 · 제조업 등)	10.0
	다목적 지원	3.4
	프로그램 지원	-
	외채 관련	18.2
	긴급 지원	6.5
베 트 남	사회인프라 · 서비스(교육, 보건, 상하수도)	257.7
	경제인프라 · 서비스(수송, 통신, 에너지)	826.9
	생산분야(농 · 공 · 제조업 등)	81.2
	다목적 지원	25.8
	프로그램 지원	7.8
	외채 관련	29.0
	긴급 지원	9.0
태 국	사회인프라 · 서비스(교육, 보건, 상하수도)	185.7
	경제인프라 · 서비스(수송, 통신, 에너지)	804.1
	생산분야(농 · 공 · 제조업 등)	76.3
	다목적 지원	4.5
	프로그램 지원	0.3
	외채 관련	-
	긴급 지원	3.8

자료: OECD(2002), 정재완 외(2003)

Check Point 7가지 복전

초기 불교에서는 다음과 같은 7가지 행위를 복을 받을 수 있는 복전이라고 하였다. 〈佛說諸德福田經〉

첫째, 사원에 대한 보시, 둘째, 과수원 조성 셋째, 수목을 심는 것 넷째, 병자에게 의약품을 주는 것 다섯째, 선박을 마련하는 것 여섯째, 다리를 건설하는 것 일곱째, 도로 주변에 우물을 파는 행위 등이다.

Check Point 3가지 복전

불교에서는 복전을 다음과 같이 세 가지로 구분하여 설명하고 있다. 〈優婆塞戒經〉

첫째, 공덕전(公德田, 敬田)은 불·법·승의 삼보에게 공양하는 것을 말한다.
둘째, 보은전(報恩田, 恩田)은 부모와 스승에게 공양하는 것을 말한다.
셋째, 빈궁전(貧窮田, 悲田)은 가난한 사람과 환자에 대한 보시를 말한다.

(김광수, 2013)

| 그림 14-1 | 동남아 국가별 외환보유고 대비 송금 비중(2012년 기준)

(단위: %)

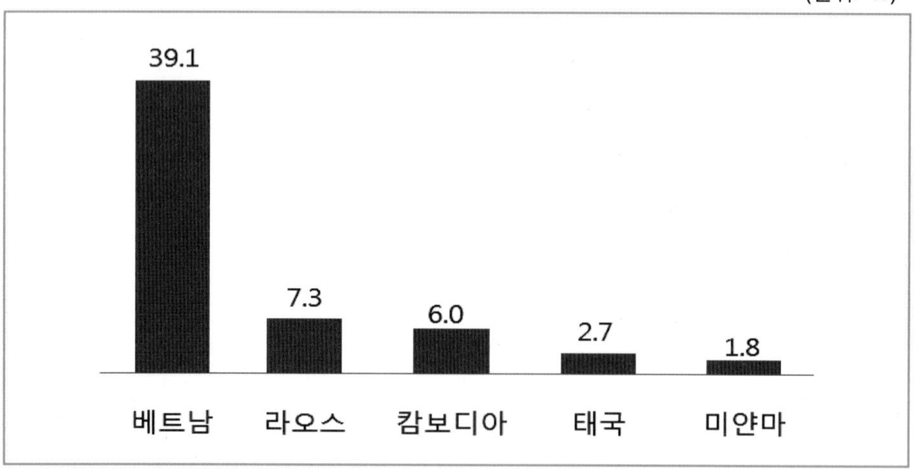

자료: World Bank(2014)

| 표 14-6 | 동남아 국가별 송금과 ODA 유입 규모 비교(2012년 기준)

국가	송금			ODA	
	규모 (백만 달러)	1인당 송금 (달러)	GDP 대비 비중(%)	규모 (백만 달러)	1인당 ODA (달러)
베트남	10,000	112.6	6.4	4,115.8	46.4
인도네시아	7,212	29.2	0.8	67.8	0.3
태국	4,713	70.6	1.3	-134.8	-2.0
캄보디아	256	17.2	1.8	807.4	54.3
미얀마	127	2.4	-	504.1	9.5
라오스	59	8.8	0.6	408.9	61.5

자료: World Bank(2014)

인도차이나 반도 국가들은 자국민이 외국에서 취업하여 번 돈을 국내에 송금하는 비중이 높다. 이역만리에서 가족을 위해 고생하여 번 돈을 조국에 보내는 그 마음은 보은전의 연장이라고 볼 수 있다.

6. 보시 = 이익의 사회환원

현대 경제사회의 관점에서 기업의 보시는 기업이 사회에서 얻은 이윤을 사회에 다시 환원하는 행위로 사회 복지의 토대가 된다.

7. 독점 ≠ 바르게 버는 것 ≠ 바르게 쓰는 것

불교에서는 독점(獨占)으로 돈을 버는 것과 번 돈을 독점적으로 자신만을 위하여 사용하는 것을 경계하고 있다(홍성민, 2000). 불교에서는 정당하게 번 돈을 자신만에게 독점적으로 사용하지 말고 적극적 보시를 통해 공익을 위해 사용하는 것을 권하고 있다.

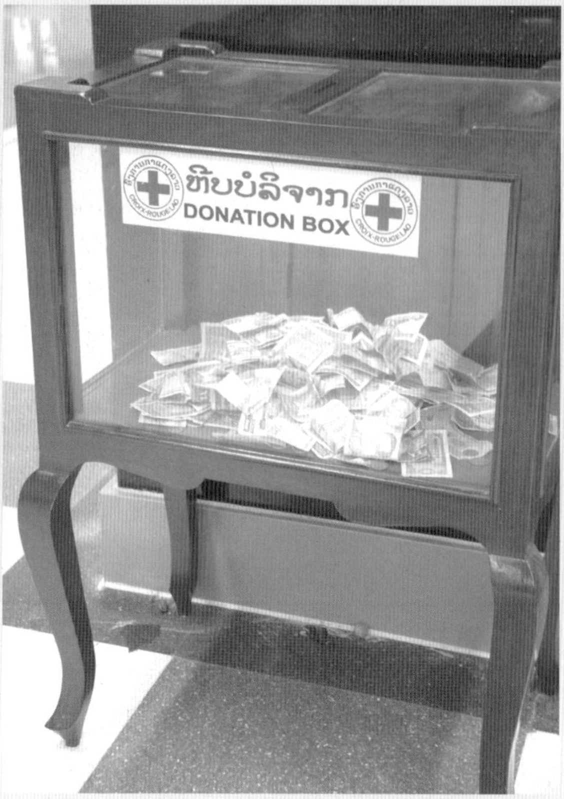
DONATION BOX

제15부

중도·무아·평등사상과 경제협력

제1장 중도사상(中道思想)과 경제행위

1. 중도의 의미

중도(中道)는 수행과 판단에 있어 극단적인 쾌락주의와 극단적인 고행주의의 양극단에 치우지치 말라는 불교의 가르침이다. 부처님은 쾌락과 고행은 둘 다 바른 길이 아니다고 가르치셨다. 수행은 쾌락과 고통의 극단을 떠나 중도의 길로 들어서 바르게 실천해야 열반에 이른다고 설법 하셨다(대한불교 조계종, 2002).

2. 붓다의 고행과 중도

중도는 붓다가 성도 후 최초의 가르침으로 붓다가 정각 전에 고행의 경험 끝에 깨달은 사상이다. 붓다는 정각 전에 6년간의 극단적인 고행을 하였다. 붓다는 6년간의 고행이 극단적인 쾌락과 마찬가지로 무의미하다는 것을 깨닫고 열반에 이르는 길은 극단적인 쾌락도 극단적인 고행도 고집하지 않는 몸과 마음이 조화를 이룰 수 있는 중도라고 깨닫게 된다.

3. 중도는 가운데 길인가?

중도는 가운데 길을 말하는 것이 아니고 바른 길, 조화롭고 균형 잡힌 길을 의미한다. 어느 한쪽에 치우친 편협한 생각으로는 고통으로부터 벗어 날 수 없다. 중도의 길을 가야 번뇌로부터 벗어 날 수 있다(대한불교 조계종, 2002).

"즐거워도 너무 기뻐하지 말고,
괴로움에 부딪혀도 근심을 더하지 말아라." 〈중일아함경〉

Check Point 중도와 거문고줄

불교에서는 중도의 가르침을 거문고의 줄에 비유하여 다음과 같이 설명하고 있다. 거문고에서 아름다운 소리가 나오려면 거문고의 줄이 너무 팽팽해도 안되고, 너무 느슨해도 안된다. 거문고에서 아름다운 소리가 나오려면 너무 팽팽하지도 느슨하지도 않아야 한다. 중도는 이처럼 모든 일에 있어 양극단에 치우치는 것을 지양한다.

4. 중도의 경제행위 = 소득과 지출의 균형 = 분수에 맞는 경제행위

중도사상에 의한 경제행위는 소득보다 지나치게 적은 지출을 하는 경제행위도 아니고 수입에 비해 지나차게 많은 지출을 하는 경제행위도 아닌 소득과 지출이 균형을 이룬 경제행위이다. 중도의 경제행위는 지나친 검약과 절약을 의미하지도 않고, 소득에 비해 많이 지출한 과소비도 아닌 자신의 소득과 경제능력에 부합하는 분수에 맞는 경제행위를 말한다.

5. 중도의 경제윤리 ≠ 탐욕 ≠ 금욕

불교는 건전하고, 간소한 삶을 영위하기 위해 근면한 생산과 소욕지족의 소비를 권하고 있다. 불교는 경제행위에 있어 인간이 이기심과 물질에 대한 탐욕의 고통에 빠지는 것을 막기 위해 불교윤리를 강조하고 있다.

불교윤리는 인간의 탐욕을 경계하고 있지만, 지나친 금욕도 경계하고 있다. 따라서 중도의 경제윤리는 지나친 탐욕도, 지나친 금욕도 아닌 자신의 능력에 맞게 소비하면서 절제할 줄 아는 중도의 경제행위이다.

6. 중도(中道)의 경제생활 ≠ 사치스러운 생활 ≠ 궁핍한 생활

불교에서는 소득에 비해 지나치게 사치스러운 생활과 지나치게 궁핍한 생활 모두를 경계하고 있다. 불교에서는 미래를 대비하기 위해 저축을 장려하였지만, 저축하기 위해 지나치게 절약하는 궁핍한 생활도 경계하였다. 이처럼 중도의 경제생활은 자신의 경제능력에 비해 지나치지도 부족하지도 않은 중도의 경제생활이다.

제2장 무아 사상과 경제관계

1. 오온(五蘊) = 물질세계(색) + 정신세계(수상행식)

인간은 일반적으로 자아라는 고정된 실체가 있다고 생각한다. 그러나 사실은 인간이 자아라고 생각하는 것은 다섯 가지 요소의 일시적인 결합으로 형성된 것이다. 불교에서는 이처럼 우리가 자아라고 여기는 존재는 다섯 가지 요소의 일시적인 결합으로 형성되었다고 가르치고 있다. 이를 오온(五蘊 skandhas, five kandhas)이라고 하는데, 오온은 다음과 같다.

5온(五蘊) = 색(色), 수(受), 상(想), 행(行), 식(識)

색(色): 물질
수(受): 물질의 세계와 지각, 감각으로 접촉하고 받아들이는 것
상(想): 지각, 감각된 대상에 대해 일으키는 개념이나 표상
행(行): 의식을 일으키는 의식작용
식(識): 분별, 인식 및 그 작용, 마음의 상태와 작용

수(受) = 6근(감각기관) + 6경(그 대상) + 6식(인식주관)

수(受)는 받아들인다는 의미로 외부의 자극을 받아들이는 것이다.
감각 기관인 6근(根)과 그 대상인 6경(境)과 인식 주관인 6식(識)이 접촉하여 생겨나는 느낌이다.

육근(六根) = 감각기관 = 인식기관
안(眼), 이(耳), 비(鼻), 설(舌), 신(身), 의(意)

육경(六境) = 감각기관의 대상
색(色), 성(聲), 향(香), 미(味), 촉(觸), 법(法)
- 색경 = 물질의 색깔 + 형태
- 성경 = 소리

- 향경 = 냄새
- 미경 = 맛
- 촉경 = 감촉
- 법경 = 비물질적 · 정신적 세계

육식(六識) = 인식

인식기관인 육근이 인식 대상인 육경을 대함으로써 인식하는 것으로 안식(眼識) 이식(耳識) 비식(鼻識) 설식(舌識) 신식(身識) 의식(意識) (화엄선원, 2015).

"이 세상에는 다섯 가지 티끌이 있다.
주의 깊은 사람은 그것을 억제할 방법을 찾는다.
형상, 소리, 향기, 맛, 감촉에 대한 탐욕을 극복하라."

〈숫타니파타〉

2. 오온(五蘊)과 무아(無我)

오온(五蘊)에서 온(蘊)은 쌓여져 모인 것으로 물질세계인 색(色)과 정신세계인 수상행식(受想行識)이 결합된 상태이다. 불교에서는 나를 포함한 이 세상 모든 것은 고정된 실체가 있는 게 아니라 일시적으로 결합했던 다섯 가지 요소가 흩어지면 없어져 버리는 무상한 것이라고 한다.

따라서 영구불멸의 고유하고 독자적인 실체는 없고 자아(自我)도 다섯가지 요소들의 일시적인 결합체이고 실체가 없이 끊임없이 변화하는 무아(無我, anatman)이다(Roy Robson, 2011).

"내 자식이다 내 재산이다 하면서
어리석은 사람은 괴로워한다.
내 몸도 나의 것이 아닌데,
누구의 아들과 누구의 재산이란 말인가."

〈법구경〉

3. 무아사상과 세계화

세계화 시대 무아(無我)의 사상은 나(我)라고 하는 존재가 독립적으로 혼자 존재하는 것이 아니고 국경과 인종을 초월하여 세계 속에서 더불어 살아 가는 존재라는 것을 인식하게 되어 욕망과 이기심에 사로 잡혀 있는 자아(自我)로부터 탈피하여 세계 속에 공존할 수 있는 세계 시민으로서 역할과 사명감을 갖게 해준다.

특히 자기 자신뿐만 아니라 지구촌의 빈곤과 환경파괴 등의 다양한 경제문제에 대해 관심을 갖고 고민하게 된다.

"현인을 만나는 것은 기쁨이고
귀의할 곳을 찾은 것은 더 큰 기쁨이다.
어리석은 사람들을 떠나
선행을 닦음은 기쁨이다."

〈법구경〉

4. 세계화 시대 독자적 경제 실체는 없다.

자본주의 체제의 시장에서 발생된 문제를 정부, 기업, 개인, 시민단체, 외국기업 등의 독자적인 힘으로 해결하는 데는 한계가 있다(윤성식, 2010). 특히 세계화시대에 개별경제주체가 글로벌 협력이 필요한 경제문제를 해결하기에는 역부족인 경우가 많다. 따라서 시장에서 발생된 문제를 효과적으로 해결하려면 경제주체들의 파트너십에 의한 긴밀한 협력이 필요하다. 경제주체들이 협력을 하려면 경제주체들이 서로 밀접하게 관련되었고 독자적인 해결의 한계를 겸허하게 인정하고, 협력하는 시스템을 구축해야 한다.

"바닥이 얕은 개울물은 큰 소리를 내며 흐르지만
깊은 강물은 소리없이 흐른다." 〈숫타니파타〉

| 표 15-1 | 동남아 FDI 유입액 중 각국 유입액의 비중

연 도	1980~89년	1990~99년	2000~09년	2010~13년
캄보디아	0.0	0.6	0.9	1.0
라 오 스	0.0	0.2	0.2	0.3
미 얀 마	0.1	1.6	1.0	1.9
태 국	12.8	14.1	15.4	8.3
베 트 남	0.1	5.9	8.4	7.4

자료: UNCTAD(2014)

| 표 15-2 | 각국 연도별 GDP 대비 FDI 저량 비율

(단위: %)

연 도	1990	1995	2000	2005	2010	2011	2012	2013
김보디아	2.22	10.76	43.09	39.27	53.00	51.10	57.01	60.67
라 오 스	1.45	12.38	35.33	25.06	27.99	27.15	27.28	26.66
미 얀 마	5.44	15.60	44.14	39.28	21.08	17.46	20.04	23.21
태 국	9.33	10.46	24.67	33.31	42.16	43.69	48.14	45.39
베 트 남	3.75	27.70	47.28	38.96	49.09	47.54	46.72	47.82

자료: UNCTAD(2014)

Check Point 此有故彼有。此生故彼生

"此有故彼有。此生故彼生" <잡아함경>

"이것이 있기 때문에 저것이 있고, 이것이 생기기 때문에 저것이 생긴다.

세계화 시대에 국제통상에서 국가간의 협력은 더욱 증대되고 있다. 아시아 외환위기, 글로벌 금융위기, 남부유럽 금융위기 등의 발생 원인은 개별 국가만의 문제가 아니고 해결방안도 개별 국가에서 독자적으로 해결할 수가 없다.

불교에서 말하고 있는 "이것이 있기 때문에 저것이 있고, 이것이 생기기 때문에 저것이 생긴다"는 현상이 세계화 시대에 확산되고 있다.

세계화 시대 국내외 경제문제를 개별 경제주체, 개별 국가가 해결하는 데는 한계가 있다. 가장 큰 이유는 국내 경제문제의 경우에도 글로벌 이슈가 연계된 경우가 많기 때문이다. 국내외 경제주체들이 상호연계되어 있는 경제문제를 협력하여

해결하려면 이익을 상호 공유하는 시스템이 구축되어야 한다(윤성식, 2010).

Check Point Reshoring

리쇼어링(Reshoring)은 생산기지를 외국으로 이전하였던 국내기업이 다시 생산기지를 국내로 이전하는 현상을 의미한다.

Check Point 윔블던 효과

윔블던 효과는 국내 금융시장을 외국계 자본이 장악하는 현상을 말한다.

Check Point Butterfly effect

나비효과(Butterfly effect)는 나비의 날개 짓처럼 작은 변화가 태풍과 같은 큰 변화를 가져 올 수 있는 현상을 의미한다.

Check Point 인간생활 = 경제생활 = 상호의존관계 = 상호보완관계

현대사회에서 인간의 대부분의 생활은 경제생활이다. 이러한 경제생활에서 개인간, 개인과 기업간, 개인과 정부간, 개인과 국제간의 의존관계는 더욱 증대되고 상호보완관계도 더욱 증대된다(홍성민, 2000). 특히 세계화 시대에 발생되는 경제문제의 원인과 해결방안은 상호간에 더욱 연계되어 있다.

불교의 연기법에 의하면 경제행위의 주체인 개인, 기업, 국가, 외국은 독자적인 실체로 각기 존재하는 것이 아니고 모두 촘촘하게 연계되어 있다. 따라서 세계경제에서 발생한 경제문제는 어느 한 경제주체만의 변화와 노력만으로 해결하는 데는 한계가 있다.

개인이 깨달음을 얻어 올바른 경제적 결정과 경제행위를 하면 기업을 변하게 만들고 개인과 기업의 변화는 시장을 합리적으로 변하게 만든다(윤성식, 2010). 이처럼 경제문제의 발생과 해결은 개별 경제주체의 노력과 변화만으로는 경제적 효과를 거둘 수가 없다. 경제공동체 모두가 변해야 경제시스템을 바꿀 수 있고 경제문제를 해결할 수 있다.

Check Point 一卽多, 多卽一

"각 경제주체는 다양하고 다양성을 추구하지만, 각 경제주체의 다양성은 하나가 된다(홍성민, 2000).

제3장 평등사상과 경제관계

1. 불교는 계급장이 없다

불교의 경제주체의 관계 = 동등 = 공존

불교의 사상은 기본적으로 평등사상이다. 불교는 태어난 신분과 사회적 지위에 따라 차별하거나 구분하지 않는다. 이러한 불교의 평등사상은 경제관계에서 갑과 을의 상하관계, 지배와 피지배의 종속관계를 지양한다.

불교에서는 경제주체 간에 동등하고 공존적인 경제관계를 가르치고 있다. 이러한 동등하고 공존적인 경제관계는 개인 간의 관계뿐만 아니라 개인과 기업 간의 관계, 기업과 기업 간의 관계, 대기업과 중소기업 간의 관계, 노동자와 사용자와의 관계 등의 모든 경제관계에 적용된다(윤성식, 2010).

경제주체 간에 동등하고 공존하는 경제관계는 경제주체 간에 불교의 연기사상과 무아사상에 의해 상호 호혜적으로 연계되어 있다는 인식에 출발한다.

대기업와 중소 하청기업의 관계가 평등한가? 사용자와 노동자의 관계가 동등한가?

수직적인 관계로 보는 시각이 많다. 그러나 중소 하청업체의 협력이 없는 대기업을 생각할 수 있는가?, 노동자가 없는 사용자를 생각할 수 있는가?

경제주체 간에 수직적이고 이기적인 관계를 동등하고 공존적인 관계로 적립하려면 나의 존재가 상대방이 존재하기 때문에 가능하고 상대방이 사라지면 나도 존재할 수 없다는 불교의 가르침에 귀기울여야 한다.

제4장 자리이타(自利利他)적 경제행위

1. 자리이타(自利利他)의 개념

불교의 핵심사상인 자리이타(自利利他)는 남을 이롭게 하면 그 이로움이 결국 자기에게 돌아온다는 사상이다(홍성민, 2000). 즉, 자리이타의 사상은 자신의 이익이 상대방의 이익 속에 내포되어 있고 상대방의 이익을 존중하고 배려해야 자신에게도 이익이 온다는 사상이다(윤성식, 2010).

2. 소비↓, 소유↓ → 수요↓ = 상품 가격↓ + 자원 절약 + 환경보전

소욕지족에 의해 소비를 줄이고 소유의 욕구를 줄이면 시장에서 상품에 대한 수요가 감소하여 상품가격이 인하되고 수요가 감소하므로 상품 제조에 필요한 자원도 절약되어 환경도 보전될 수 있다. 소비의 절제는 기본적으로 자신에게 경제적으로 이익을 줄 뿐만 아니라 다른 경제주체들에게도 이익을 주는 자리이타적 경제행위가 된다(윤성식, 2010). 자신의 이익과 상대방의 이익은 구분되어 있는 것처럼 보이지만 별개가 아니고 모든 경제관계는 자리이타적인 관계가 성립된다.

3. 근면 → 생산성↑ → 상품 가격↓

근로자가 근면하고 성실하게 일을 하는 것은 누구보다 자신에게 이로운 일이지만 상품의 생산성을 향상시켜 상품가격을 하락시켜 상대방과 공동체에도 이익을 가져다 준다. 이처럼 근면은 자신뿐만 아니라 상대방에게도 이익을 주는 자리이타적인 행위이다.

제16부

동남아의 불교와 경제

제1장 동남아의 이해

1. 동남아의 지역적 특징

동남아 지역은 지리적으로 두 개의 대양인 태평양, 인도양과 접해있고 친디아와 브릭스의 핵심인 중국, 인도와 접해 있어 문화적으로 태평양, 인도양 문화, 인도문화, 중국문화의 영향을 받았다.

2. 동남아에는 어떤 나라들이 있는가

동남아에는 11개국이 있는데 우리에게 친숙한 태국, 싱가포르, 베트남, 캄보디아, 라오스, 미얀마, 말레이시아, 인도네시아, 필리핀과 우리에게 약간 낯선 브루나이, 동티모르로 구성되어 있다.

Check Point 아세안과 동남아의 관계

아세안의 회원국은 동남아 11개국 중에서 동티모르를 제외한 10개국이다.

3. 동남아의 정치 및 사회체계

동남아는 사회주의국가, 자본주의국가, 공화국, 왕국 등의 다양한 국가들이 혼재해 있다.

사회주의 국가는 라오스 인민민주주의 공화국, 베트남 사회주의 공화국, 미얀마 연방사회주의공화국, 왕이 존재하는 국가는 태국, 브루나이, 말레이시아이다. 공화국 형태는 필리핀 공화국, 싱가포르 공화국 등이다.

4. 동남아 문자의 특징

동남아 10개국에는 다양한 언어와 문자가 사용되고 있는데 발리 섬의 문자, 수마트라의 바탁크 문자, 타이 문자, 버어마 문자, 등은 남인도의 그란다(Grantha)문자에서 유래되었다(김정희, 2012).

Check Point 동남아의 종교산책

동남아를 걷다보면 종교를 자연스럽게 만나게 된다.
먼 길 떠나지 않아도 종교의 색채가 온몸에 느껴진다.
강요된 종교가 아닌 체험의 종교를 느낄 수 있다.
동남아인들의 종교적 가치관으로 자본주의적 가치관의
현대인을 보면 행복과는 멀게 아주 멀게 느껴질 것이다.
동남아인들의 가치관의 처음과 끝은 종교이다.

"낡은 것을 좋아하지 말라.
새 것에 매혹당하지도 말라.
사라져 가는 것을 슬퍼하지 말라.
잡아끄는 것에 붙잡히지 말라."
〈숫타니파타〉

제2장 동남아의 종교와 불교

1. 동남아의 지역별 종교

동남아 지역은 크게 대륙부 동남아와 도서부 동남아로 구분할 수 있는데 도서부 동남아 국가들은 이슬람교를 믿는 인구가 많고, 힌두교와 가톨릭을 믿는 지역도 많다. 이에 비해 대륙부 동남아에 있는 국가들인 미얀마, 태국, 라오스, 캄보디아, 베트남에는 불교를 믿는 국민들이 많다.

2. 도서부 동남아의 불교

도서부 동남아 지역인 말레이시아, 인도네시아와 브루나이 등의 불교문화는 이 지역에 진출한 이슬람과 서양세력에 의해 급격히 쇠락하였다. 자바에는 8세기경 인도로부터 밀교가 전해져 번창하였으나 이슬람의 영향으로 쇠퇴하였다(김정희, 2012).

3. 대륙부 동남아의 불교

대륙부 동남아의 인도차이나반도는 불교의 발생지인 인도와 근접하여 불교 문화권이 형성되어 있다. 동남아 불교는 두 가지로 구분할 수 있다. 첫 번째는 미얀마, 태국, 라오스, 캄보디아, 베트남 남부지역에서 신봉하고 있는 스리랑카계 상좌부 불교(Theravada Buddhism)이다. 두 번째는 베트남에 육로로 전파된 중국계 대승불교(Mahayana Buddhism)이다(石井米雄, 1991).

제3장 동남아의 불교 전래과정과 정착과정

1. 동남아 불교의 전래과정

상좌부 불교의 종주국인 스리랑카는 11세기에 미얀마에 13세기에 태국, 14세기에는 캄보디아에 상좌불교를 전파했다. 5세기에 미얀마로 건너간 상좌부 불교는 밀교형태의 대승불교로 바뀌었다가 11세기 바간 왕국에 의한 통일과 함께 부흥되었다. 태국도 8세기 무렵에 밀교가 전해졌다가 미얀마로부터 상좌부 불교가 유입되었고 13세기 말에 스리랑카의 상좌부 불교가 전해져 태국 왕실의 전폭적인 지원으로 발전하였다.

동남아의 대표적인 불교국가인 캄보디아와 라오스는 13세기 말부터 태국의 침입과정에서 상좌부 불교가 전해졌다. 베트남의 불교는 중국으로부터 6~7세기경 대승불교가 전해져 선종(禪宗)을 중심으로 발전하였다(김정희, 2012).

2. 동남아에 상좌부 불교의 정착과정

동남아에 상좌부 불교가 정착되기 전에 동남아에는 힌두교와 대승불교가 유입되어 있었지만 14세기 앙코르 왕국이 멸망되는 과정에서 상좌부 불교가 정착하게 되었다. 대륙부 동남아에는 초기에 대승불교가 영향을 주었지만, 왕조분열과 왕국이 재편되면서 상좌부 불교가 정착하게 된다(정미경, 2009). 현재 캄보디아, 미얀마 지역에는 초기에 대승불교가 유입되었으나 왕국이 붕괴되고 새로운 왕조가 들어서면서 상좌부 불교가 정착하게 된다.

Check Point 동남아는 불교를 전달한 인도인들에게 황금의 땅으로 인식

동남아에 힌두교와 불교를 전달한 인도인들은 동남아를 풍요로운 황금의 땅으로 인식하였다. 서구열강들이 동남아에 본격적으로 유입되기 전에 인도인들에 의해 동남아 지역의 개방은 시작되었다. 그 과정 속에서 인도의 불교와 힌두교 등의 그 당시 선진화된 인도문화가 동남아 전역에 확산되었다.

대륙부 동남아 지역인 인도차이나 반도는 문화적으로 중국문화와 인도문화의 중간에 위치하고 있지만 베트남을 제외한 미얀마, 태국, 라오스, 캄보디아 등은 역사적으로 인도문화의 영향을 크게 받았고, 인도의 불교도 광범위하게 전파되었다(김영애, 2007).

저자가 동남아 10개국을 방문하면서 공통적으로 느낀 점은 동남아 어딜 가나 인도의 불교문화와 힌두교 문화의 흔적이 고스란히 남아있고 동남아 각국의 토착문화 형성에 지대한 영향을 미치고 있음을 알 수 있었다.

Check Point 황금의 땅은 어디인가

인도 아소카 왕은 제3차 결집 이후 불교를 전파하기위해 소나(Soṇa)와 웃따라(Uttara)장로를 황금의 땅(Suvaṇṇabhūmi))으로 보냈다. 그런데 수완나부미 지역이 정확히 현재 동남아 어떤 나라인지에 대해서는 이견이 많다. 미얀마의 학자들, 태국의 학자들, 캄보디아 학자들, 라오스의 학자들은 각각 수완나부미 지역이 자신들의 국가의 지역이라고 주장하고 있다(정준영, 2015).

제4장 동남아 상좌부 불교의 특징

1. 엄격한 수행

동남아의 불교는 12-13세기 경에 전래된 스리랑카의 대사파(Mahanikaya)의 종파로 붓다가 입멸하기 전의 가르침과 수행법을 엄격하게 준수하고 초기경전이 작성된 팔리어를 연구하고 불교 경전대로 수행한다(김영애, 2007).

2. 동남아 상좌부 불교 + 정령신앙

동남아 인도차이나 반도는 상좌부 불교가 이 지역에 전파되기 전에 정령숭배 등의 토착신앙이 만연되어 있었다. 동남아에 유입된 상좌부 불교는 동남아 지역의 토착신앙과 혼합되어 민중속으로 파고 들었다.

3. 동남아 상좌부 불교 + 힌두교

힌두교와 불교는 인도에서 시작된 종교인데 이러한 인도종교는 모두 동남아에 유입되었다. 상좌부 불교가 동남아에 유입되기 전에 힌두교가 동남아 전역에 확산되어 있었고 이러한 요인으로 인해 동남아 상좌부 불교에는 힌두교의 전통과 문화가 많이 녹아들어 있다.

예를 들어 태국의 불교의례에서 성수(聖水)에 남몬을 사용하여 축복하는 행위는 힌두교 의식이다(김영애, 2007). 또한 태국과 미얀마에서 행해지는 쏭크란 등의 물축제는 모두 힌두교 전통이다.

4. 동남아 초기불교는 왕족, 귀족 중심

동남아의 초기불교는 왕과 왕족이 받아들인 다음 귀족중심으로 전파되었다. 국왕이 종교의 수호자가 되면서 불교는 종교로서 뿐만 아니라 정치와 사회질서를 유지하는데 활용되었다.

5. 상좌부 불교와 사회구조

동남아는 풍부한 자연환경으로 인해 자연에 순응하면서 쌀을 재배하는 전통적인 농업사회였다. 이러한 농업사회는 일반적으로 소수의 지배층과 다수의 피지배층으로 사회가 구성되는데 상좌부 불교는 지배층과 피지배층을 연결시켜주는 가교역할을 하였다. 불교의 업에 의하면 지배층은 전생에 선업을 많이 쌓아 현세에 사회지배층으로 태어났고 전생에 쌓은 선업이 많기 때문에 현세에 조금만 선업을 쌓아도 내세에도 지배계층으로 태어날 수 있다.

이에 비해 피지배층은 전생에 선업을 많이 쌓지 못해서 현세에 피지배층으로 태어났고 내세에 좋은 계층으로 태어 날려면 현세에 선업을 많이 쌓아야 된다(정미경, 2009). 불교의 윤회와 업의 교리는 세속적 사회의 질서를 유지하고 자신의 신분에 충실하게 하고 현세의 선업에 따라 내세 더 나은 신분으로 태어나거나 윤회에서 벗어날 수 있다는 믿음을 주고 있다(김영애, 2007). 이러한 상좌부 불교의 업과 윤회사상은 동남아에서 지배층이 피지배층을 통치하는데 활용되었다.

6. 동남아 불교의 이상적인 인간상 = 아라한 = 출가자

동남아시아 불교는 아라한을 이상적인 인간상으로 생각한다. 현실적으로 아라한은 출가자만이 가능하다고 보아 동남아 불교는 기본적으로 출가주의를 우위에 두고 있다 출가위주의 아라한 불교는 성속의 구분이 명확하여 재가불자에게 승려의 법보시(法布施)가 매우 중요하다(안양규, 2013).

7. 동남아에서 승려 = 선우

동남아에서 승려들은 불법(佛法)의 가르침뿐만 아니라 일상생활에 필요한 기초교육도 하여 선우로서 존경받고 있다.

"항상 우정이 끊어질까 염려하여 아첨하면서도
항상 벗의 결점만을 보는 사람은 친구가 아니다.
아기가 엄마의 품에 안기듯이 그 사람을 의지하고
다른 사람 때문에 그 사이가 벌어지는 일이 없는 사람이야말로
진정한 친구다."

〈숫타니파타〉

| 표 16-1 | 동남아 교육기관 등록률(2011)

(단위: %)

구 분	유아교육 등록률	초등교육 등록률	중등교육 등록률	고등교육 등록률
캄보디아	13.3	98.2	37.6	14.5
베트남	73.0	99.4	-	24.4
라오스	23.6	97.4	40.7	17.7

자료: United Nations ESCAP(2013)

제5장 동남아 사회와 불교

1. 동남아 각국의 불교 차이

북부 미얀마 산족의 불교는 그 의식이나 교리 면에서 미얀마의 불교와 차이가 있으나 태국 북부의 불교와 유사하다. 태국 동북부의 불교는 라오스의 불교와 유사하다. 뿐만 아니라 미얀마의 불교는 태국보다 그 교세가 강하여 국민들은 불교에 더 관심을 가지고 사원에서 보내는 시간도 더 많다.

2. 동남아 국교 ≠ 상좌불교

동남아에서 국민의 다수가 상좌부 불교를 믿고 있는 국가들은 국교가 불교이고 종교적 자유가 허용되고 있지 않은가?

동남아시아 상좌부 불교 국가에서 불교가 국교로 정해져 있지 않는 국가도 많고 대부분 국가에서 종교의 자유가 허용되어 있으나 상좌부 불교는 국민 대부분의 일상 생활에 지대한 영향을 주고 국민과 국가의 정체성에까지 큰 영향을 주고 있다.

3. 상좌부 불교와 사회문화

동남아지역의 상좌부 불교 국가에서 불교는 다양한 개성을 갖고 있는 국민들이 동질성을 갖게 하고 정치적으로는 국가통일의 상징이 되고 있다. 또한 상좌부 불교는 종교를 넘어 그 나라의 문화와 전통의 토대가 되고 있다.

4. 동남아 왕과 불교

동남아 국가에서 상좌부 불교는 왕과 왕실의 보호를 받으며 발전하였으므로 상좌부 불교는 종교적뿐만 아니라 정치적으로도 왕실과 상호보완적인 관계를 형성하고 있었다(김영애, 2007).

동남아 국가의 국왕들은 상좌부 불교를 국가종교로 수용하면서 자신들이 불교의 수호자로서의 역할을 수행하였다. 국왕들은 물질적으로 승가를 전폭적으로 지원하면서 승가의 운영에 대해 영향력을 행사하였다(안양규, 2013).

Check Point 탐마라차 - 만라차

상좌부 불교사회에서는 정의로운 왕을 탐마라차(Dhammaraja)라고 칭송하고 정의롭지 못한 왕을 만라차(Mararaja)라고 하여 역사적으로 왕위 박탈의 빌미가 되기도 했다. 국가 지도자가 갖추어야 할 덕목 10가지는 다음과 같다. 보시(布施, Dāna), 지계(持戒, Sila), 희생(犧牲, Pariccaga), 공정(公正, Ajjava), 온화(穩和, Maddava), 노력(努力, Tapa), 불노(不怒, Akkodha), 불해(不害, Ahimsa), 인내(忍耐, Khanti), 불역(不逆, Avirodha)를 의미한다(김영애, 2007).

5. 불교는 선진문화

인도불교가 동남아에 전파되었을 때 동남아의 문화 수준은 상대적으로 인도 문화보다 낮았기 때문에 선진 인도의 불교문화는 동남아의 사회발전에 지대한 영향을 미쳤다(안양규, 2013).

제6장 국제관계와 정치 그리고 불교

1. 식민지배와 정치와 상좌부 불교

동남아 상좌부 불교는 16-18세기에 서구열강의 침략과 식민지정책으로 가톨릭 및 기독교와 대결하게 되었고, 이 과정에서 불교는 박해를 받았다(김영애, 2007).

대륙부 동남아를 식민지배했던 서구열강들의 식민지배 목적은 동남아를 자신들의 소속 국가로 만드는 것이 아니고 천연자원의 개발과 이에 따른 자본축적 등의 경제적 이익만을 획득하는 것이었다. 식민지배자들은 동남아 지역의 왕족과 귀족을 활용하여 자신들의 경제적 목적을 달성하기 위하여 상좌부 불교를 용인하였고, 왕족과 귀족들은 백성을 통치하는데 상좌부 불교를 활용하였다(정미경, 2009). 이에 비해 동남아의 일반 빈중들은 식민지배자들의 노동착취에 따른 현실적인 고통에서 삶을 위안 받는데 상좌불교가 안식처가 되었다.

2. 동남아 각국의 정치와 불교

태국의 상가는 정치에 관여하지 않고 왕실의 전폭적인 지원을 받고 있어 정치권과 부드럽고 우호적인 관계를 맺고 있다. 이에비해 미얀마의 상가는 정치에 적극적으로 개입하고 있다(이와모도 유다까, 1987). 초기 불교와 달리 현재의 동남아 불교는 국가 권력과의 밀접한 관계를 지니고 있다(안양규, 2013) 미얀마의 민주화과정에서 미얀마 승려들의 적극적인 참여는 미얀마의 민주화에 큰 기여를 하였다.

제7장 동남아 불교의 십인 십색

1. 동남아에서 승려의 호칭

동남아에는 약 60만의 승려가 있는데 동남아에서 승려에 대한 호칭은 다양하다. 크게 보면 태국, 라오스, 캄보디아에서는 신이라는 뜻인 프라(Phra)라고 부른다. 미얀마에서는 위대한 영광이라는 뜻인 퐁기(Pongyi)라고 부른다.

2. 동남아에서 사원의 호칭

동남아에는 약 45,000여 곳의 사원이 있는데 동남아에서 사원에 대한 호칭은 일반적으로 태국, 라오스, 캄보디아에서 사용하는 왓(Wat)이다. 미얀마에서는 왓(Wat)뿐만 아니라 Kyaung으로도 부른다.

Check Point 태국과 라오스의 탁발 차이

동남아 불교문화의 특징중에 하나가 탁발인데 탁발의 방법은 각국 간에 약간의 차이가 있다. 태국의 승려들은 탁발을 나갈 때 사미승을 대동하고 단독으로 나가지만 라오스 승려들은 사원의 전체 승려들이 줄을 지어 가면서 재가불자들의 시주를 차례로 받는다(김영애, 2007).

제8장 동남아 출가문화

1. 출가의 목적

동남아 상좌부 불교국가에서는 결혼 전 젊은 남성의 출가가 보편화되어 있다. 동남아에서 출가는 보통 우안거가 시작되는 시기에 행해진다. 과거에 학교교육이 일반화되지 않았을 때 사미승 출가는 교육이 주목적이었다.

그러나 현재는 학교가 일반적으로 보급되어 있어 사미승 출가는 과거처럼 많지 않아 20세를 전후한 출가가 많다. 출가의 목적은 불교의 기르침에 의해 심신을 닦기 위한 종교적인 목적이외에도 부모의 은공에 보답하여 자신의 출가로 인한 공덕을 부모에게 돌리고자 출가하는 경우도 있다. 상좌부 불교 사회에서는 출가의 공덕이 사회적으로 높이 평가되고 있다.

2. 출가의 조건

동남아 상좌부 불교 국가에서 젊은 남성의 장단기 출가는 보편화되어 있지만 모든 남성이 원한다고 해서 모두 출가할 수 있는 것은 아니다. 기본적으로 질병이 없어야 하고 경제적으로도 부채가 없어야 한다. 또한 공무원은 국가로부터 허락을 받아야 되고 채무자는 채권자로부터 허락을 받아야 한다. 결혼한 남자는 배우자로부터 허락을 받아야 한다.

3. 출가 이후의 신분 변화

출가를 하여 승려가 되면 가족이라도 스님이라고 불러야 되며 승려는 웃어른인 가족보다도 높은 자리에 앉는 등 승려로서의 대우를 받는다. 또한 승려는 사회적으로 납세의 의무도 없고 선거권과 피선거권도 없다. 이처럼 출가를 하면 의무도 면제되지만, 정치 참여 등이 제한되는 등 수행에만 전념할 수 있게 사회제도가 뒷받침되어 주고 있다.

Check Point 동남아의 출가의식 용어

태국, 라오스, 캄보디아에서는 출가의식을 부엇 뻰 낙이라고 부르고 미얀마에서는 신뷰(Shinbyu)라고 부른다(김영애, 2007).

제9장 인도차이나 반도 불교국가들의 경제

1. 인도차이나 반도 불교 국가들의 거시경제

상좌부 불교 사회는 사원과 불교의 가르침을 중심으로 형성되어 생산공동체, 소비공동체, 종교공동체로서 노동구조, 생산과 소비에 지대한 영향을 미친다(정미경, 2009).

<표 16-3>에서 보듯이 인도차이나 반도 불교국가들의 최근 경제는 지속적으로 성장하는 가운데 인구도 증가하고 있고 교역이 증가하고 있다. 1인당 국민소득도 점진적으로 증가하고 있어 인도차이나 반도 국가들이 저임금의 생산기지에서 소비시장으로 급부상하고 있다. 특히 인도차이나반도 불교국가들의 중장기 경제전망도 견조한 상승세를 지속할 것으로 전망되어 향후 인도차이나 반도국가들은 글로벌 생산기지, 소비시장으로 각광받을 것으로 전망된다.

표 16-3 동남아 국가의 주요경제지표(2013년 기준)

국 가 별	인구 (천명)	GDP (백만달러)	1인당 GDP (달러)	수출 (백만달러)	수입 (백만달러)	총교역 (백만달러)	투자금액 (백만달러)
캄보디아	14,962.6	15,659.0	1,046.5	9,148.2	9,176.0	18,324.2	1,274.9
라 오 스	6,644.0	10,002.0	1,505.4	2,592.8	3,292.0	5,884.9	426.7
미 얀 마	61,573.8	56,408.0	916.1	11,436.3	12,009.1	23,445.4	2,620.9
태 국	68,251.0	387.534.1	5,678.1	228,730.2	249,517.1	478,247.3	12,999.8
베 트 남	89,708.9	171.219.3	1,908.6	132,664.1	132,109.9	264,774.0	8,900.0
아 세 안	625,096.3	2,398.549.634	3,837.1	1,271.073	1,240,476	2,511.550	122,376.5

자료: ASEAN(2014)

| 표 16-4 | 인도차이나반도 국가의 중장기 GDP 증가율 전망(2003~25년)

(단위: %)

	2003	2004	2005	2006	2007	2008~25
캄보디아	5.3	6.0	5.5	5.4	5.4	4.8
라 오 스	5.5	5.8	5.6	5.7	6.0	4.4
미 얀 마	3.1	5.2	5.1	5.0	5.0	4.3
태 국	4.9	5.3	5.4	5.5	5.6	5.2
베 트 남	7.0	7.4	7.3	7.2	7.1	6.3

자료: Global Insight(2003)

| 표 16-5 | 동남아 주요국의 경제성장률

(단위: %)

연도	2000년	2005년	2010년	2011년	2012년	2013년
브 루 나 이	2.9	0.4	2.6	3.4	0.9	1.8
인 도 네 시 아	4.9	5.7	6.2	6.5	6.2	5.7
말 레 이 시 아	8.9	5.3	7.4	5.1	5.6	4.0
필 리 핀	4.4	4.8	7.6	3.6	6.8	7.0
싱 가 포 르	9.0	7.4	14.8	5.2	1.3	3.0

자료: ASEAN(2014)

| 표 16-6 | 동남아 주요국의 GDP 및 인구 비중 변화

(단위: %, %포인트)

국명	국별 CDP 비중			국별 인구 비중		
	2002년(a)	2012년(b)	변화(b-a)	2002년(c)	2012년(b)	변화(d-c)
캄 보 디 아	0.66	0.60	-0.05	2.45	2.47	0.02
라 오 스	0.27	0.39	0.12	1.04	1.08	0.04
미 얀 마	1.20	2.39	1.19	9.74	10.31	0.57
태 국	19.51	15.68	-3.84	11.85	10.99	-0.85
베 트 남	5.40	6.66	1.27	14.89	14.37	-0.51

자료: World Bank(2014)

2. 인도차이나 반도 국가들의 에너지 자원

<표 16-7>에서 보듯이 인도차이나 반도국가들의 에너지 자원은 풍부하다. 특히 메콩강을 중심으로 수력발전의 개발에는 인도차이나 반도국가들의 긴밀한 협력과 이해관계의 조정이 필요하다.

| 표 16-7 | 메콩강 유역 5개국의 에너지자원 보유 현황(2000년)

국 가	석유 (억 배럴)	천연가스 (조 입방피트)	석 탄 (백만 톤)	수력 (MW)	목재 (천 톤)
캄보디아	-	9.9	-	10,000	81,565
라 오 스	-	3.6	600	26,500	46,006
미 얀 마	31	12.1	-	108,000	129,935
태 국	2	12.2	1,240	-	67,130
베 트 남	32	21.8	3,520	17,566	17,000
합 계	65	59.6	5,360	162,006	341,636

자료: ASEAN Secretariat (2002), 정재완 외(2003)

| 표 16-8 | 인도차이나 지역 에너지 자원 수출입 잠재력

구 분	라오스	캄보디아	미얀마	태국	베트남	위난(중국)
수 력	○	•	◇	•	•	○
석 탄	○	◇	○	•	○	○
천연가스	◇	◇	○	•	◇	◇
원 유	•	◇	◇	•	◇	◇

주: ○-수출, •-수입, ◇-중립

자료: Lao Ministry of Industrial & Handicraft, World Bank(2004)

| 표 16-9 | 메콩지역 전력수요 현황 및 전망

국가 \ 연도	2005	2010	2015	2020
캄보디아	302	407	699	-
라 오 스	291	648	1,216	1,487
태 국	20,538	25,612	33,897	44,695
베 트 남	9,255	20,000	31,495	50,000
계	30,386	46,667	67,307	96,182

자료: MRC(2010)

| 표 16-10 | 메콩 유역국별 수력개발 현황

국 가	프로젝트(개) 생산규모(MW) 연간 생산규모(GWh) 투자(Milion US$)	프로젝트 진행 상황				총계
		생산	건설	검토	계획	
라 오 스	프로젝트	10	8	22	60	100
	생산규모	662	2,558	4,126	13,561	20,907
	연간에너지	3,356	11,390	20,308	59,502	94,556
	투자액	1,020	3,256	8,560	26,997	39,832
캄보디아	프로젝트	1	0	0	13	14
	생산규모	1	0	0	5,589	5,590
	연간에너지	3	0	0	27,125	27,128
	투자액	7	0	0	18,575	18,582
베 트 남	프로젝트	7	5	1	1	14
	생산규모	1,204	1,016	250	49	2,519
	연간에너지	5,954	4,623	1,056	181	11,815
	투자액	1,435	1,312	381	97	3,225
태 국	프로젝트	7	0	0	0	7
	생산규모	745	0	0	0	745
	연간에너지	532	0	0	0	532
	투자액	1,940	0	0	0	1,940
총 계	프로젝트	25	13	23	74	135
	생산규모	2,612	3,574	4,376	19,199	29,760
	연간에너지	9,846	16,013	21,365	86,808	134,031
	투자액	4,402	4,568	8,941	45,669	63,580

자료: Mekong River Commission, 김태윤 외(2014)

3. 인도차이나 반도 불교국가들의 금융산업

<표 16-11>에서 보듯이 인도차이나 반도 불교국가들의 금융산업은 제조업에 비해 열악한 수준이고, 선발 아세안국가들의 금융산업에 비해서도 발전속도가 매우 늦다. 이러한 인도차이나 반도 불교국가들의 열악한 금융산업은 제조업의 지속적인 발전과 외국인 투자유치에 걸림돌로 작용하고 있다.

| 표 16-11 | 동남아 3국 은행 진출 시 예상되는 장단점

국 가	장 점	단 점
베 트 남	· 우리나라기업의 진출이 활발하여 초기 정착에 유리 · 현재 성장하는 시장으로 소매금융시장 등에 있어서 잠재력이 큼 · 현지은행과 비교하여 서비스 등에서 경쟁력이 있음	· 다수의 국내외은행이 진출하고 있어 은행간 경쟁이 치열함 · 사회주의 국가인 관계로 업무처리 등에 있어서 비효율 발생 · 통화가치의 변동이 높아 외환리스크가 존재
인도네시아	· 경제규모가 동남아시아에서 가장 커 시장으로서의 매력도 향상 · 이자율이 높아 국내에 비해 상대적으로 높은 수익성. 소비자금융이 발달하여 이를 통한 수익확보가 가능 · 제조업을 중심으로 다양한 국내기업이 진출하고 있어 초기 시장 안착이 쉬움	· 금융감독청의 구조조정 의지로 인해 신규 진출은 인수·합병을 통해서만 가능하므로 상당한 비용이 필요 · 은행수가 과다하여 은행간 경쟁이 치열
태 국	· 상대적으로 금융시장이 발달하여 영업하기에 용이 · 경제규모가 커 현지시장으로서의 매력도 상승	· 일본계은행들이 시장을 선점 · 1997년 이후 우리나라 금융회사에 대해 신규면허를 불허 · 정치적 불안으로 진출기업들이 여타국가로 옮기면서 국내현지기업을 대상으로 한 영업축소 예상

자료: 이민환 외(2014)

| 표 16-12 | 동남아시아국가의 시가총액

(2012년 기준, 단위: 십억 달러)

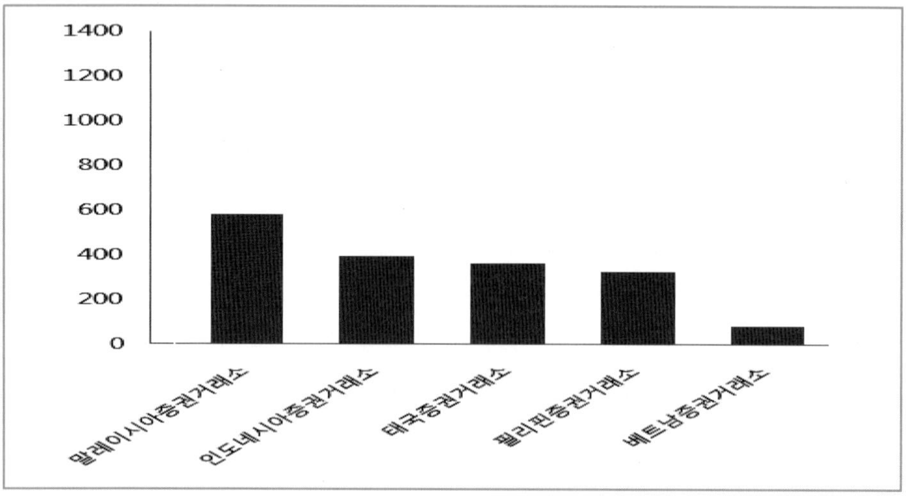

자료: World Bank(2014)

| 표 16-13 | 동남아시아국가들의 금융부분 발전단계에 따른 분류

국 가		거시지표			은행침투도		금융인프라		직접금융	
		명목 GDP(10억 달러)	인구 (100만 명)	1인당 명목 GDP (달러)	GDP 대비 총여신 (%)	GDP 대비 예금 (%)	계좌 보유율 (%)	ATM 대비 (대/10만명)	GDP 대비 시가 총액(%)	GDP 대비 회사채 잔고(%)
금 융 선진국	싱 가 포 르	274.7	5.3	51,709	99.5	150.1	98.2	60.2	150.8	31.6
	말레이시아	303.5	29.2	10,381	134.5	146.3	66.2	56.4	156.9	42.8
	태 국	366.0	66.8	5,480	168.9	99.7	72.7	77.9	104.7	15.5
금 융 후진국	필 리 핀	250.2	96.7	2,587	50.9	37.8	26.6	17.7	105.6	5.0
	인도네시아	878.2	246.9	3,557	42.6	48.2	19.6	16.5	45.2	2.3
	베 트 남	141.7	88.8	1,596	115.4	12.2	21.4	20.0	232.2	0.8
	라 오 스	9.3	6.6	1,399	26.5	28.0	26.8	8.5	-	-
	캄 보 디 아	14.1	14.9	946	33.8	32.0	3.7	6.1	-	-
	미 얀 마	-	52.8	-	24.6	6.5	-	-	-	-

자료: 大嶋秀雄(2014), 이민환 외(2014)

| 표 16-14 | 아세안 주요국의 국제경쟁력지수: 금융부문(2012~13년)

분야	캄보디아	베트남	태 국	말레이시아
금융서비스 이용도, 1-7(best)	4.30	4.32	5.08	5.76
금융서비스 용이성, 1-7(best)	4.18	4.05	4.89	5.52
현지자본시장 파이낸싱, 1-7(best)	2.51	3.73	4.32	4.90
여신 기준, 1-7(best)	2.75	2.45	3.48	4.47
벤처캐피탈 기준, 1-7(best)	2.67	2.31	2.86	4.13
은행 건전성, 1-7(best)	4.80	4.54	5.62	5.89
주식거래 규제, 1-7(best)	3.55	3.56	4.73	5.44
법적 타당성, 1-10(best)	8.00	8.00	4.00	10.00

자료: GIC(2014), WEF(2014)

4. 절대적 가난과 원조

인도차이나 반도 불교국가들은 태국을 제외하고 빈곤한 상태이다. 이러한 인도차이나 반도 국가들의 빈곤을 퇴치하기 위해 <표 16-15>에서 보듯이 세계은행, 아시아개발은행 등의 국제기구와 선진국들로부터 원조가 지속되고 있다.

| 표 16-15 | 동남아시아의 빈곤 현황

빈곤지수	1일 2달러 미만 소득 인구(인구대비%)		지니계수	
국가/연도	1990년대	2000년대	1990년대	2000년대
캄보디아	77.8(1994)	56.4(2007)	0.383(1994)	0.444(2007)
라오스	79.9(1997)	66.0(2008)	0.349(1997)	0.367(2008)
태국	17.4(1996)	11.5(2004)	0.434(1996)	0.425(2004)
베트남	78.2(1998)	38.4(2008)	0.355(1998)	0.376(2008)

자료: ADB(2014)

| 표 16-16 | OECD/DAC의 수원국 기준과 ASEAN 역내 국가의 분류(2010)

구분	최빈개도국	기타 저소득국	하위 중소득국	상위 중소득국
명칭	Least Developed Countries (LDCs)	Other Low Income COuntries (OLICs)	Lower Middle Income Countries (LMICs)	Upper Middle Income Countries (UMICs)
분류기준	유엔지정	1인당 GNI ≤1,005달러	1인당 GNI ≤3,975달러	1인당 GNI ≤12,275달러
국가분류	캄보디아, 라오스 미얀마, 동티모르	-	베트남, 필리핀, 인도네시아	태국, 말레이시아

자료: OECD(2014), 권율 외(2012)

| 표 16-17 | UN 기구의 ASEAN 지원현황(2010)

(단위: 백만 달러)

국가	IAEA	IFAD	UN AIDS	UN ICEF	UNH CR	UND P	UN FPA	UNP BF	UN RWA	WFP	총계
라오스		1.40	0.33	1.98	0.00	5.99	1.63	0.00	0.00	2.38	13.71
캄보디아	0.01	3.07	0.66	7.69	0.35	9.48	4.18	0.00	0.00	4.09	29.53
미얀마	0.45	0.00	0.64	18.36	0.00	10.29	5.93	0.00	0.00	1.74	37.41
베트남	0.84	15.39	0.70	3.67	0.05	7.49	3.99	0.00	0.00	0.00	32.13
태국	0.89	0.00	0.71	1.11	4.22	1.89	1.78	0.00	0.00	0.00	10.60

자료: CEIC(2014)

| 표 16-18 | 세계은행, 아시아 개발은행의 동남아 지원현황(2011년 기준)

(단위: 백만 달러)

국가	세계은행			아시아개발은행		
	IBRD	IDA	TFs	OCR Loans	ADF Grants	ADF Loans
캄보디아	0	46.41	38.45	0	46.96	75.31
라오스	0	56.3	16.94	0.08	56.88	14.24
태국	0.21	0	1.21	100	0	0
베트남	124.96	1,280.80	49.02	426.9	4.79	365.83
미얀마	0	0	0.38	0	0	0

자료: CEIC(2014)

5. 인도차이나 불교 국가들의 산업

인도차이나 반도 불교국가들의 산업에서 가장 큰 특징은 아직도 농업이 차지하는 비중이 높다. 이러한 높은 농업비중은 경제적 요인뿐만 아니라 상좌부 불교의 농업 중시 가치관이 영향을 미친 것으로 보인다. 최근들어 제조업과 농업 간의 임금 격차 등이 발생하고 있는 가운데 낮은 농업 생산을 개선하려는 노력이 증대되고 있다.

| 표 16-19 | 아세안의 GDP대비 산업별 비중(2010)

(단위: %)

국가	1차 산업	2차 산업	3차 산업
태 국	8.3	48.7	43.0
베트남	16.4	41.9	41.6
캄보디아	29.4	28.6	42.0
라오스	36.4	26.0	37.6
미얀마	31.6	27.7	40.7

자료: ADB(2013)

| 표 16-20 | 제조업과 비제조업 간 연봉 비율의 변화(2010년 vs. 2013년)

국가명	캄보디아		라오스		미얀마	
연 도	2010	2013	2010	2013	2010	2013
사 원	2.52	2.64	na	2.65	4.20	2.87
과 장	2.97	1.71	na	1.55	1.15	1.57
국가명	**필리핀**		**태국**		**베트남**	
연 도	2010	2013	2010	2013	2010	2013
사 원	1.62	2.14	1.91	1.63	3.10	2.54
과 장	0.97	1.30	1.03	1.02	1.49	1.20

자료: JETRO(2014)

| 표 16-21 | 한국의 동남아시아에 대한 농업분야 지원현황

(단위: 천 달러)

연도	캄보디아	베트남	태국
2006	2,005.7	275.8	58.4
2007	2,454.7	641.1	39.7
2008	244.5	714.6	31.6
2009	3,181.2	927.8	46.5
2010	3,446.8	784.3	116.4
계	11,332.9	3,343.6	292.5

자료: OECD(2014)

| 표 16-22 | 한국의 對베트남 농업부문에 대한 무상원조 지원현황

(단위: 천 달러)

사업연도	주요 사업	총 지원액
2001	베트남 새마을 운동 시범마을	261
2011	베트남 빈증지역 양돈 교육 연수원 설립 및 운영(NGO: 다비육종)	181
계		442

자료: 한국국제협력단(2012), 권율 외(2012)

6. 인도차이나 반도에 외국인 투자 증가

<표 16-23>에서 보듯이 인도차이나 반도 불교국가들의 개방화가 가속화되면서 외국인 투자가 증가하고 있다. 그러나 인도차이나 반도국가들에 지속적인 외국인투자가 유입되려면 국제경쟁력이 향상되어야 한다.

| 표 16-23 | 동남아 국별 FDI 유입량 추이

(단위: 백만 달러, %)

국가	2003	2006	2007	2008	2009	2010	
						규모	비중(%)
캄보디아	84	483	867	815	539	783	1.0
라오스	20	187	324	228	319	333	0.4
미얀마	291	428	715	976	963	450	0.6
태국	5,235	9,460	11,330	8,539	4,976	6,320	8.3
베트남	1,450	2,400	6,739	9,579	7,600	8,000	10.5

자료: ASEAN(2014)

| 표 16-24 | 동남아 주요국의 기업경영 여건

국가		종합 순위	법인 설립	사업 허가	전력 수급	부동산 등록	현지 금융 조달	투자자 보호	조세 납부	대외 무역	계약 실행	사업 폐쇄
싱가포르	(2014)	1	3	3	6	28	3	2	5	1	12	4
	(2013)	1	4	2	5	36	12	2	5	1	12	2
말레이시아	(2014)	6	16	43	21	35	1	4	36	5	30	42
	(2013)	12	54	96	28	33	1	4	15	11	33	49
태국	(2014)	18	91	14	12	29	73	12	70	24	22	58
	(2013)	18	85	16	10	26	70	13	96	20	23	58
베트남	(2014)	99	109	29	156	51	42	157	149	65	46	149
	(2013)	99	108	75	147	98	129	49	131	37	144	148
필리핀	(2014)	108	170	99	33	121	86	128	131	42	114	100
	(2013)	138	161	100	57	122	129	128	143	53	111	165
인도네시아	(2014)	120	175	88	121	101	86	52	137	54	147	144
	(2013)	128	166	75	147	98	129	49	131	37	144	148
캄보디아	(2014)	137	184	161	134	118	42	80	65	114	162	163
	(2013)	133	175	149	132	115	53	82	66	118	142	152

주: 185개국을 대상으로 조사함.

자료: World Bank(2014)

7. 인도차이나 반도국가들의 열악한 물류인프라

<표 16-25>에서 인도차이나 반도 불교국가들의 물류인프라는 태국을 제외하고 매우 열악한 수준이다. 이러한 열악한 물류인프라는 외국인 투자의 걸림돌로 작용하고 있다. 특히 인도차이나 반도 불교국가들 간의 경제협력뿐만 아니라 인적교류, 문화교류를 막고 있다.

| 표 16-25 | 동남아 국가별 도로와 철도 인프라(2007)

구 분	국토면적 (km^2)	도로연장 (km)	포장도로 (km)	철도연장 (km)
미 얀 마	676,577	28,790	23,179	4,990
라 오 스	236,800	72,323	5,133	자료없음
캄보디아	181,035	11,494	2,376	650
태 국	513,254	98,053	97,988	4,044
베 트 남	329,315	137,359	53,610	2,577
평 균	585,586	107,822	60,742	2,924

자료: 이훈기 외(2010)

| 표 16-26 | GMS 운송분야 프로젝트의 기간별 추진계획

1990년대 중반 시행 예정인 프로젝트	
R1	방콕-프놈펜-호피민-붕타우 도로개보수 프로젝트
R2	태국-라오스-베트남 동서회랑도로 프로젝트
R3	치앙라이-쿤밍 도로개보수 프로젝트
R4	쿤밍-라시오 도로개보수 프로젝트
W2	메콩델타 수로 개선 연구
W7	중부지역 베트남 항구 개선 프로젝트
II	유역운송포럼
2000년까지 시행 예정 프로젝트	
R5	쿤밍-하노이 도로개보수 프로젝트
R6	남부 라오스-시하누크빌 도로개보수 프로젝트
R7	미얀마 라시오-로일렘-켕퉁 도로보수 프로젝트
R8	윈난성 남부-북부 태국-북부 라오스-북부 베트남 도로개보수 프로젝트
R9	동북부 태국-남부 라오스-복동부 캄보디아-중부 베트남 도로개보수
RW1	윈나성-태국 철도 프로젝트
RW2	윈난성-베트남 철도 프로젝트
RW3	태국-캄보디아-베트남 철도 프로젝트
W1	란창강 상류/메콩강 수로 개선 프로젝트

A1	캄보디아 공항 개선 프로젝트
A2	중국 윈난성 공항 개선 프로젝트
A3	미얀마 공항 개선 프로젝트
A4	제2의 방콕 국제공항 건설 프로젝트
A5	베트남 공항 개선 프로젝트
A6	유역내 신항로 개발 프로젝트
2001~10년 시행 프로젝트	
RW4	태국-라오스 철도 프로젝트
RW5	윈난성-미얀마 철도 프로젝트
RW7	라오스 광업 개발 철도 프로젝트
RW8	태국-미얀마 철도 프로젝트
W3	홍강(Red River) 수로 개선 프로젝트
W4	남부 라오스-캄보디아 메콩강 수로 개선 프로젝트
국가별 우선시행 프로젝트	
RW6	태국 동북부-라오스 철도 프로젝트
W5	신프놈펜항 개발 프로젝트
W6	시하누크빌항 개선 프로젝트
W8	까이란(Cai Lan)항 개발 프로젝트
W9	티바이(Thi Vai)/붕타우항 체계 개발 프로젝트
W10	양곤(Yangon)-탈리와(Thilawa) 항만 개선 및 개발 프로젝트

자료: ADB(2002), 정재완 외(2003)

| 표 16-27 | 한국형 ODA 사업의 정책 및 기술·전략 자문사업 예시

구 분	세부내용
도 로	국가경제 성장을 위한 고속도로 구축전략 및 기술자문 수원국 맞춤형 건설공사 관리기법 개발 등 도로건설 기술 전수 도로 유지관리 기술 및 도로경영 기법 전수 도로안전 및 재해방지를 위한 우리나라 정책 및 기술 전략적 지원 ASEAN ITS 표준화 통합을 위한 기술지원
철 도	국가경제 성장을 위한 철도망 구축전략 및 기술자문 철도 운영 현대화, 철도개량, 고속철도 건설에 기술 전수
공 항	공항계획 및 건설 관리 운영 컨설팅 및 기술자문 국내 선진공항 운영기법 전수 및 수원국 공항관리능력 자문 항공보안 및 안전 부문 기술 자문
항 만	항만 건서 및 개발 컨설팅, 선박안정성 제고를 위한 법률 개발을 위한 정책 및 전략 자문 수출 증대를 위한 대형 선박의 입출항 유치 전략 자문 항만교통관계(VTS) 시스템 구축, 항해 안전 시스템 구축, 항만자동화 시스템 및 유비쿼터스 항만 등 IT 항만 구축 전략 자문

자료: 이훈기 외(2010)

8. 인도차이나 반도 불교국가들의 연계성

인도차이나 반도의 불교국가들 간에는 <표 16-28>에서 보듯이 국경무역과 인적교류가 증가하고 있는데 열악한 인프라와 상이한 제도가 걸림돌로 작용하고 있다. 인도차이나 반도 국가들의 연계성을 더욱 확대하기 위해서는 인프라 확충과 연계뿐만 아니라 연계와 교류를 가로막고 제도도 통일하여야 한다.

| 표 16-28 | 국경무역과 전체 무역 비교(2005 ~ 2007)

(단위: 백만 바트)

국가	2005				2006				국경무역 증가율 2006/2005, (%)	2007				국경무역 증가율 2007/2006 (%)
	전체무역	국경무역	수출	수입	전체무역	국경무역	수출	수입		전체무역	국경무역	수출	수입	
미얀마	100,298	88,293 88.03	22,725	65,568	117,557,5	104,313 88.73	23,161	82,304	18.14	113,095	108,256 95.72	24,737	83,518	3.78
라오스	40,092	38,548 96.15	32,803	5,745	8,473	47,724 81.62	37,924	10,081	23.80	61,504	63,367 103.03	45,012	18,354	32.78
캄보디아	38,072	31,128 81.76	29,593	1,535	48,326	36,027 74.55	34,668	1,359	15.74	48,406	37,354 77.17	35,293	2,061	3.68
전체 국경무역	736,717	430,193 58.39	273,989	81,204	801,644	533,385 66.54	339,775	195,043	23.99	791,523	561,137 70.89	325,110	236,025	5.20

자료: Thai Ministry of Commerce and the Bank of Thailand, Tsuneishi(2008)

| 표 16-29 | 인접국 이주노동자 현황(2001 ~ 2007)

(단위: 명)

연도	공식 입국자				입국 후 합법화된 자				합계			총합
	미얀마	라오스	캄보디아	합계	미얀마	라오스	캄보디아	합계	미얀마	라오스	캄보디아	
2001	729	29	6	764	451,335	59,358	57,556	568,249	452,064	59,387	57,562	569,013
2002	3,906	275	16	4,197	340,029	32,492	36,818	409,339	343,935	32,767	36,834	413,536
2003	2,184	140	38	2,362	247,791	21,314	19,675	288,780	249,975	21,454	19,713	291,142
2004	2,279	357	129	2,765	633,692	105,259	110,601	849,552	635,971	105,616	110,730	852,317
2005	3,058	286	120	3,464	539,416	90,073	75,804	705,293	542,474	90,359	75,924	708,757
2006	3,362	29,523	21,014	23,899	568,878	51,336	48,362	668,576	572,240	80,859	69,376	722,475
2007	1,913	34,118	21,727	57,758	489,282	21,659	24,791	535,732	491,195	55,777	46,518	593,490

자료: Thai Ministry of Labour(2008), 김태윤 외(2014)

| 표 16-30 | 동남아 연계성 강화 프로젝트

분 야	주요 프로젝트 (분야)
물리적 연계성 강화	1. 아세안 고속도로망 완성(내륙수송)
	2. 싱가포르-쿤밍 철도연결 완성(내륙수송)
	3. 아세안 브로드밴드 회랑 설립(ICT)
	4. 말라카-프칸바루(Pekan Baru) 간 상호연결(에너지)
	5. 서부 칼리만탄-사리왁 간 상호연결(에너지)
	6. 섬과 섬 간의 해상수송에 관한 조사(해양수송)
제도적 연계성 강화	1. 상호인정협정(MRAs) 확대(상품무역 자유화)
	2. 무역수속에 관한 공통의 규칙 확립(상품무역 자유화)
	3. 2012년 말까지 모든 국가의 싱글윈도우 완성(상품무역 자유화와 아세안 싱글윈도우)
	4. 투자규제 장벽의 단계별 축소와 철폐(투자 자유화)
	5. 수송촉진에 관한 아세안협정의 실제적 운용(수송 원활화)
인적 연계성 강화	1. 비자 취득요건 완화(인적 이동, 관광)
	2. 아세안 가상학습센터(ASEAN Virtual Learning Resource Centres) 개발(문화)
	3. ICT 기술표준 개발(ICT)
	4. 아세안 공동체 설립 프로그램(문화, 교육)

자료: ASEAN(2012), 이재호 외(2012)

Check Point 상좌부 불교사회 = 농업중심 = 공업·상업은 외부에 의존

일반적으로 상좌부 불교가 제시하는 바람직한 직업군은 농업중심이다. 상좌부 불교 사회는 농업중심으로 발전하였고 상업과 공업은 상대적으로 발전이 뒤쳐졌다.

상좌부 불교사회의 노동구조는 농업, 교육, 행정에 집중되어 있고 공업과 상업은 서양의 식민세력, 화교, 인교 등의 외부인에게 의존하는 구조가 정착되었다(정미경, 2009).

| 표 16-31 | 동남아시아 농업현황

국 가	전체 국토면적 대비 농지면적 (2009년, %)	GDP 대비 농업 부가가치 (2010년, %)
캄보디아	3.5	36.0
라 오 스	10.2	32.7
미 얀 마	19.0	48.4(2004)
태 국	38.7	12.4
베 트 남	33.1	20.6

자료: WDI(2012), 권율 외(2012)

| 표 16-32 | 라오스 제7차 NSEDP의 농업 분야 주요 프로젝트(2011~15년)

(단위: 백만 달러)

주요 프로젝트	예상 예산
비엔타안 평야 Ngam River 왼편 Nammong, Tanpile 관개농업 프로젝트	63.9
캄무안 주 Sabangfai 평야 Nam Turn 2댐1, 3, 4번 수문 관개농업 프로젝트	179.1
참파삭 주 Sabanhieng 평야 내 Houitout, 수이(Soui), Lahanam 관개농업 프로젝트	179.1
보리캄사이 주 보리칸 내 Namsoun 관개농업 프로젝트	19.1
아타푸와 세콩 평야 내 Senamnoy 관개농업 프로젝트	36.1
사바나켓 평야의 Sesalalong, Sekeu 관개농업 프로젝트	60.5
루앙파방 주 난 평야 내 남산 관개농업 프로젝트	20.1
Xienghon 평야 내 남마오, Namnan, Namngeum 관개농업 프로젝트	44.6
싱 평야 내 Namaoun, Namgna 관개농업 프로젝트	63.8
후아판 주 Samtai 구역 Meungkoune 평야 솝바오 구역 Namling 관개농업 프로젝트	28.6
농산물 가공산업 육성(국내외 투자를 통해 관련 공업지대 건설)	-

자료: MPI(2011), 이재호 외(2012)

Check Point 상좌부 불교사회 노동구조 = 여성이 노동 = 남성이 행정

일반적으로 서구사회에서는 남성이 노동 생산성이 필요한 생산부문에서 일을 하고 여성들은 노동 강도가 약한 행정, 교육 등의 일을 하지만, 상좌부 불교 사회에서는 이와 반대로 남성이 행정과 교육 등의 일을 주로 하고 여성들이 노동 강도가 높은 생산부문에서 일하였다.

상좌부 불교사회에서는 불교의 계율에 의해 남성만 비구가 될 수 있고 여성은 비구가 될 자격이 없다. 여성은 비구가 되어 깨달음의 수행에 정진하는 남성을 경제적으로 부양해야 했기 때문에 노동을 해야 했다. 이처럼 상좌부 불교 사회에서는 노동의 구조가 종교의 영향을 지대하게 받았다(정미경, 2009).

| 표 16-33 | 라오스의 교육기회 관련 성평등 지수

초등교육 순등록률		중등교육 순등록률		고등교육 총등록률	
2000	2011	2000	2011	1999	2011
0.92	0.98	0.79	0.91	0.53	0.74

자료: United Nations ESCAP(2013)

| 표 16-34 | 라오스 분야별 고용현황

구 분	고용인(명)	여성(%)	남성(%)
공무원	168,388	31	69
준공무원	11,446	33	67
민간 노동자	121,786	40	60
공기업 직원	19,486	27	73
자영업자	7,210	31	69
독립 근로자	1,149,906	32	68
무임금 가정 근로자	1,260,671	71	29

자료: Lao Statistics Bureau(2013), 채재은 외(2014)

| 표 16-35 | 사무직과 생산직 월급 및 비율 비교

(단위: 달러, %)

국 명	사무직 월급			생산직 월급			월급 비율		
	일반 사무직 (a)	중간 관리자 (b)	고급 관리자 (c)	단순 생산직 (d)	중견 기술자 (e)	고급 기술자 (f)	a/d (%)	b/e (%)	c/f (%)
캄보디아	205	460	760	100	200	470	205.0	230.0	161.7
라오스	243	500	900	145	396	578	167.6	126.3	155.7
미얀마	200	426	938	100	258	569	200.0	165.1	164.9
태국	1,747	2,485	2,628	396	689	1,968	441.2	360.7	133.5
베트남	415	831	1,441	289	536	838	143.6	155.0	172.0

자료: KOTRA(2014)

| 표 16-36 | 제조업과 비제조업 연봉 비교(2013년)

(단위: 달러)

구 분		캄보디아	라오스	미얀마
제 조 업	사원급	1,764	2,292	1,135
	과장급	9,876	11,092	5,542
비제조업	사원급	4,662	6,078	3,262
	과장급	16,909	17,152	8,717
		필리핀	태국	베트남
제 조 업	사원급	3,922	6,936	3,000
	과장급	14,620	27,325	13,326
비제조업	사원급	8,389	11,298	7,619
	과장급	19,068	27,901	15,933

자료: JETRO(2013), 곽성일 외(2014)

Check Point α-girl

알파걸(α-girl)은 사회에서 능력을 인정받고 있는 엘리트 여성을 말한다.

BACK OFF

제17부

동남아 불교국가

제1장 미얀마의 불교

1. 몬족과 버마족

미얀마는 동남아 지역에서 인도와 가장 가까운 국가이다. 현재 동남아의 미얀마 지역에 버마족, 타이족이 남하하기 이전에 미얀마의 하부지역인 시탄강하구와 메남강 하류지역에는 인도 북부지역에서 살다가 아리아족에게 쫓기어 이 지역에 살게 된 몬족이 거주하고 있었다. 몬족은 남인도계에 속하는 독특한 문자를 갖고 있었다. 몬족은 동남아 지역의 인도네시아계 토착민과 함께 살고 있었다. 또한 티베트 버마어족인 버마족, 카친족, 카렌족 등이 부족을 이루며 살고 있었다. 미얀마에서는 몬족을 타라인이라고 부른다(이와모도 유다까, 1987).

2. 아노야타 왕과 상좌부 불교

11세기 중반 아노야타 왕은 미얀마의 중부의 바간을 중심으로 통일 왕국을 세운 이후 미얀마 하부에 있는 몬족의 타톤 왕국을 침공하여 불교경전 등을 얻고 스리랑카 상좌부 불교를 미얀마의 공식종교로 선포하였다.

국왕에 의해 미얀마에 도입된 상좌부 불교는 종교뿐만 아니라, 국왕과 불교교단인 상가가 밀접한 관계를 맺고 국가체계를 확립하였다. 미얀마의 국왕은 전통적으로 상가의 발전을 정치적인 과제로 삼아 지원하는데 총력을 다하였다. 이러한 왕실과 상가의 친밀한 관계는 미얀마 왕실이 영국의 식민지배로 붕괴될 때까지 지속되었다(石井米雄, 1991).

미얀마에서 불교는 19세기에 미얀마가 영국의 식민지로 전락하기 직전까지 전제군주국가의 통치원리로서 역대 미얀마 왕의 정체성을 지지해주는 이념으로서 그 역할을 했다(김영애, 2007).

3. 아노야타 왕의 불교업적

아노야타 왕은 신 아라한(Shin Arahan)이라는 몬족 출신의 비구를 통해 상좌부 불교를 수용하여 당시 미얀마 지역에 퍼져있던 대승불교와 밀교적 색채가 강한 아리불교를 테라바다(上座部)불교로 대체하였다(정준영, 2015).

아노야타 왕은 타톤지역을 침공하여 팔리어 삼장과 부처님의 사리를 얻어 32마리의 코끼리를 이용하여 바간으로 옮겨 오면서 불교적 토대를 마련한다(김성수외, 2012). 미얀마의 불교 발전에 큰 공헌을 한 아노야타 왕의 업적은 다음과 같다.

첫째, 미얀마 불교의 상가의 청정성을 회복하여 미얀마 상가를 일반 민중이 신뢰할 수 있고 귀의할 수 있는 곳으로 만들었다. 둘째, 황금불 등 많은 불탑을 건립하여 상가에 기증하였다. 셋째, 불교예술을 발전시켰다. 넷째, 민중들에게 공덕을 강조하여 민중들의 불심을 높이는데 기여하였다(이와모도 유다까, 1987).

Check Point 상가의 가사 논쟁

미얀마 상가 내에서는 비구가 가사를 입고 탁발 할 때에 한 어깨를 가리느냐(편단파), 두 어깨를 모두 가리느냐(통견파)의 논쟁이 벌어졌는데 보다우빠야(Bodawpaya)왕은 이러한 가사논쟁에 대해 모든 어깨를 가리는 것으로 결정하여 통견파로 승가를 통일하여 단일교단을 만들었다(정준영, 2015: 김성수 외, 2012).

Check Point 미얀마의 파고다의 출현

부처님 생존시에 미얀마의 마하사라, 촐라사라의 두형제가 인도를 방문하여 부처님을 만나 뵙고 부처님의 머리카락(聖髮) 2개를 받아와 민니나 언덕에 봉안했고 이것이 쉐고다탑의 기원이다. 쉐고다탑에는 부처님의 머리카락(聖髮) 이외에도 다른 성물(聖物)이 봉안되어 있나(이와모도 유다까, 1987).

4. 바간왕국의 멸망과 불교

불교의 중흥에 힘썼던 바간왕국은 몽고군의 침입을 받고 1287년 멸망했다. 그 이후 약 2세기 반동안 미얀마 지역은 군소영주들에 의한 혼란이 지속되었다. 이 과정에서 미얀마의 상가도 쇠퇴하였다(石井米雄, 1991).

Check Point 미얀마어와 불교

미얀마의 언어는 불경을 기록하였던 팔리(Pali)어의 영향을 받아 미얀마어로 정착할 수 있었다(김정희, 2012).

5. 식민지배시 외래종교 배격과 민족주의 운동

미얀마는 1885년 당시 알라웅파야 왕조의 도성이었던 만달레이가 공격당하면서 미얀마 왕조가 멸망하였고 영국의 기나긴 식민지배가 시작되었다. 영국의 식민지배 이후 영국은 기독교 선교를 위해 승가내의 학교를 폐지하고 미션스쿨을 개교하는 등 선교 활동을 강화하였다(김성수외, 2012). 이러한 영국의 기독교 선교에 대해 미얀마의 승려들중에는 민중의 선두에서 배격운동을 적극적으로 하였다.

또한 미얀마에서 민족주의 운동이 본격적으로 진행되기 시작한 것은 20세기 초였다. 이러한 미얀마의 민족주의 운동에 불교가 큰 기여를 했는데, 1906년 미얀마의 승려 오타마는 버마불교청년회를 창립하고 민족의 자각과 일치단결을 강조하였다(이와모도 유다까, 1987).

6. 영국 식민지와 독립

미얀마는 영국과 3번의 전쟁에 의해 1886년 식민지화 된다. 그리고 1948년 1월 4일 독립하여 버마연방을 성립한다. 미얀마는 다른 영국 식민지와 달리 영국 연방의 일원이 되지 않았다(정준영, 2015).

7. 독립과 불교 지원

영국이 미얀마로부터 독립한 이후 미얀마의 위정자들은 불교정신에 입각한 사회주의 정책을 강력하게 추진하였다. 특히 우누 수상은 다른 어떤 정책보다도 불교적 이념을 국가 정부정책의 지표로 삼고 강력하게 불교를 지원하였으나 1962년 실각하였다(이와모도 유다까, 1987).

8. 우누의 불교개혁과 6차 결집

19세기 후반에 미얀마에서는 영국 식민통치의 영향으로 불교승단의 질서가 흐트러지고 여러 불교 종파가 일어났다. 1948년 미얀마는 반세기가 넘는 영국의 식민지배로부터 벗어나 영국으로부터 독립하고 첫 번째 수상이 된 우누는 상가와 불교발전을 위해 많은 개혁을 단행하였는데 특히 1954년부터 1956년까지 2년에 걸쳐 진행했던 제6차 결집은 붓다 불멸 후 가장 최근에 진행된 결집이다(정준영, 2015). 우누 수상의 이러한 모습은 과거 미얀마 왕들이 불교의 번영을 위해 최선의 노력을 다하였던 연장선에 있다.

9. 미얀마 군부정부와 불교

독립 이후에 민주정치 시대가 유지되는 듯 했으나, 1962년 네윈 장군의 쿠데타로 26년간 버마식 사회주의가 추구된다(정준영, 2015). 네윈 정부는 1980년 불교의 모든 교파와 합동회를 개최하여 각 종파, 각 지역의 대의원 장로를 중심으로 중앙집권적 상가조직을 결성하여 미얀마 정부의 상가에 대한 규제를 강화하였다(石井米雄, 1991).

10. 미얀마의 불교의 분류

미얀마에는 17,000여 곳의 사원과 25만 명가량의 승려가 있는데 미얀마의 불교는 전통적으로 교의면보다는 계율면을 중요시 하였다. 미얀마의 불교 교단은 최대의 교파인 수담마의 다수파이외에도 쉐진의 개혁파, 도바라의 엄격파 등 8개의 소규모 교파가 있다(石井米雄, 1991: 김영애, 2007: 김정희, 2012: 김성수 외, 2012), 수담마파가 80% 이상이고, 쉐진파가 9%정도이다.

11. 미얀마 불교의 특징

"미얀마인이 되려면 불자가 되어야 한다'는 말이 있을 정도로 미얀마의 불교는 동남아시아의 다른 상좌부 불교 국가보다도 국민들에게 지대한 영향을 미치고 있다. 미얀마인들로부터 최고의 존경을 받는 사람들은 명상에 전념하는 승려들이다. 이처럼 미얀마 사회에서는 불교가 가장 큰 관심이고 가치관이 되고 있다.

미얀마는 1948년 영국으로부터 독립 이후에도 세계불교회의를 설치하여 불교연구와 포교를 추진하고, 제6차결집을 지원하는 등 세계 불교 발전을 위해 큰 공헌을 하고 있다(안영규, 2013: 정준영, 2015, 김정희, 2012).

12. 미얀마와 스리랑카의 불교관계

미얀마의 왕과 스리랑카의 왕 사이에는 상좌부 불교를 통한 교류가 지속되었는데 미얀마는 스리랑카로부터 상좌부 불교를 받아들인 국가인 동시에, 상좌부 불교를 살려 다시 스리랑카에 전달해준 나라이다. 스리랑카는 붓다의 가르침을 보호하고 전달하는 역할을 하였고 미얀마 불교는 붓다의 가르침을 분석하고 실천하는 역할을 하였다(정준영, 2015).

Check Point 미얀마의 새해 물축제

미얀마의 새해는 4월에 시작된다. 미얀마에서는 4월이 되면 힌두교의 인드라 신이 3일간 지상으로 내려온다고 해서 팅잔이라는 물축제(水祭)가 미얀마 전역에서 개최된다. 이날 미얀마인들은 길거리로 나와 상대방에게 물을 끼얹는다.

이날 불교사원에서는 여성들의 손에 의해 불상이 물로 깨끗하게 씻겨진다. 여성들은 은으로 된 그릇에 물을 담아 쓴다. 불상에는 향수를 바른 뒤 그것을 닦아내고 다시 향수를 뿌려 씻는다. 또한 이날은 모든 집이 대문을 열어 놓고 길거리의 지나가는 사람들에게 과일, 차등을 대접한다(이와모도 유다까, 1987).

13. 미얀마의 출가의식

미얀마에서는 사미승이 되기 위한 출가의식을 성대하게 수행한다. 일반적으로 출가의식은 우기에 우안거가 시작될 무렵 7~8세 소년이 1주일간 사원에서 출가 생활을 경험하게 된다. 소년들은 왕자 복장을 하고 가족들과 친척, 이웃들에게 둘러싸여 행렬을 지어 사원으로 향한다. 출가의식에서 소년이 왕자복장을 하는 이유는 부처님이 출가 전에 왕자 신분이었기 때문이다(이와모도 유다까, 1987).

부모들은 바이씨(Baisri)라는 제물을 중심으로 음식을 차려놓고 정령을 불러 고하고 터주신(Sanchao)에게 아들의 출가를 고한다. 또한 미얀마에서는 동네 총각들이 단체로 출가하기도 한다(김영애, 2007).

14. 미얀마경제의 키워드

미얀마는 최근 들어 세계를 무대로 시장개방을 가속화하면서 <표 17-1>에서 보듯이 가시적인 경제적 성과를 달성하면서 빈곤으로부터 벗어나고 있다. 미얀마경제의 성장가능성은 동남아의 블루오션으로 불릴 만큼 그동안 폐쇄정책에 의해 빛이 바랬던 미얀마의 성장 가능성이 전 세계로부터 주목받고 있다.

| 표 17-1 | 미얀마의 5개년(2011/12~2015/16) 경제개발계획

주요 분야	목표 및 내용
주요 목표	농촌개발, 빈곤감축, 인적자본개발, 산업개발을 통해 전반적인 사회경제개발 추진
경제성장률 상승	• 연간 평균 GDP성장률 7.7% 달성 • 일인당 GDP 1.7배 증가 전망(목표치는 3배 증가)
산업구조 개편	• GDP 내 농업 비중을 36.4%에서 29.2%로 감소 • GDP 내 공업 비중을 26.0%에서 32.1%로 증가 • GDP 내 서비스업 비중을 37.6%에서 38.7%로 증가
목표달성을 위한 기본조건	국가예산적자 축소, 외국 원조·차관 도입 확대 및 효율적 사용, 투자유치 확대 등

자료: The New Light of Myanmar(2012)

| 표 17-2 | 미얀마의 빈곤감축 및 농촌지역개발 계획 주요 내용

8대 중점 개발 분야	• 농업생산성 향상(수직 및 수평적) • 축·수산업 발달 • 농촌지역의 소규모 생산성 향상 • 마이크로 금융 시스템 개발(저축, 신용협회 등) • 협동조합 조직 활성화 • 농촌지역의 사회·경제 발전 • 농촌 에너지 개발 • 환경보호

자료: 이재호 외(2012)

미얀마는 최근 들어 시장개방을 가속화하면서 인도차이나 반도의 외국인 투자의 증가를 주도하고 있다. 기나긴 운둔의 시간만큼이나 경제침체의 터널도 길었지만, 이제 운둔의 시간을 뒤로 하고 바간왕국의 화려했던 영광을 되찾으려는 활기찬 용트림을 하고 있다.

AUNG SAN SUU KYI
A PORTRAIT IN WORDS AND PICTURES
A HISTORY OF
MYANMAR
SINCE ANCIENT TIMES
Traditions and Transformations
MICHAEL AUNG-THWIN AND
MAITRII AUNG-THWIN

ATM

THE LADY AND THE PEACOCK
THE LIFE OF
AUNG SAN
SUU KYI
OF BURMA
PETER POPHAM
AUNG SAN
SUU KYI
THE VOICE OF HOPE
CONVERSATIONS WITH ALAN CLEMENTS
WINNER OF THE NOBEL PEACE PRIZE
REVISED AND UPDATED
AUNG SAN
SUU KYI
WITH A NEW
INTRODUCTION BY
FERGAL KEANE
LETTERS
FROM
BURMA
WINNER OF
THE NOBEL
PEACE PRIZE

WELCOME PARTICIPANTS
27th SEA GAMES
MYANMAR 2013

GENERAL AUNG SAN

제2장 라오스의 불교

1. 해안선이 없는 국가

라오스는 해안선이 없는 완전한 내륙 국가이다. 라오스는 인도차이나 반도국가 중에서 유일하게 사면이 육지로 갇혀 있다. 라오스의 국가 면적은 남한의 3배가 넘으나 인구는 5백만으로 남한의 10분의 1에 불과한 나라다(이와모도 유다까, 1987: 김정희, 2012).

2. 소수민족과 라오족

라오스는 타이계 종족에 속하는 라오족이 라오스 전 인구의 절반 이상을 차지하고 있다. 그러나 라오스에는 라오족뿐만 아니라 30여 종족의 다양한 소수민족이 살고 있다. 라오족은 평지에서 주로 농사를 지으며 거주하고 있는데 비해 소수민족들은 고원과 산지에 살고 있다(이와모도 유다까, 1987).

3. 란상왕국과 불교

란상(Lan xang)은 백만 마리의 코끼리의 땅이라는 의미로 라오스의 루앙프라방 지역을 중심으로 태국의 아유타야 왕국의 건국시기와 비슷한 14세기 중반에 건국한 왕국 이름이다.

라오스에 상좌부 불교가 공식적으로 도입된 시기는 란상(Lan Xang)왕국이 성립된 14세기경이다 그러나 실제로는 그 이전부터 불교를 신봉하고 있었다. 라오스의 불교는 미얀마와 태국의 불교 유입과 똑같이 13세기경 스리랑카로부터 전래되었기 때문이다(김영애, 2007).

4. 라오스에서 승려의 지위

라오스에서 승려의 지위는 왕 다음으로 높다(이와모도 유다까, 1987). 라오스 내에서 스님들의 사회적 지위가 이처럼 매우 높기 때문에 단기출가를 제외하고 누구나 정식 스님이 될 수 없다. 라오스에서 스님이 되려면 지방행정기관과 라오인민청년동맹의 허가를 받아야만 한다. 따라서 라오스에서는 가족 중에 출가한 사람이 있을 경우 가문의 영광으로 생각한다(김정희, 2012).

Check Point 작명은 반드시 승려가

라오스 사람들은 아이가 태어나면 반드시 승려를 찾아가 작명을 한다(김영애, 2007). 이러한 모습은 라오스 사회에서 승려에 대한 신뢰가 높고 승려가 친근한 존재로 자리잡고 있음을 알 수 있다.

5. 불교는 국교

라오스는 14세기 란상 왕조시대부터의 상좌부 불교전통을 지켜오는 불교국가로 국민의 95%가 불교신도이다. 라오스에는 약 3,000곳의 사원과 20,000명 가량의 승려가 있다(김영애, 2007). 라오스는 1947년 헌법에서 불교를 국교로 정했다. 1951년에는 라오스 상가법을 제정하였다.

"불교는 이 나라의 국교다. 왕은 그 최고의 보호자이다"(헌법 제7조)

"왕은 열렬한 불교도이어야 한다"(헌법 제7조)

(이와모도 유다까, 1987).

6. 라오스에서 상좌부 불교와 대승불교

라오스 불자들은 대부분 상좌부 불교도이지만, 중국계 라오스인들은 대승불교를 믿고 있다. 또한 라오스에는 프랑스 식민지배 시기에 베트남인들이 많이 유입되었는데 라오스에 살고 있는 베트남인들은 대승불교를 많이 믿고 있다. 민간에서는 피(Phi) 등 정령숭배도 만연되어 있다(이와모도 유다까, 1987).

7. 프랑스의 엘리트 교육과 사원의 역할

프랑스가 라오스를 지배한 목적은 오로지 농업작물을 착취하기 위해서였다. 따라서 교육은 자신들의 식민지배에 필요한 행정관리를 할수 있는 소수 엘리트를 양성하는데 국한되었다.

라오스의 사원은 엘리트에 포함되지 못한 일반인들을 교육하였다. 특히 프랑스 식민지배 시기에는 라오민족의 정서를 함양할 수 있는 교육을 하였다(정미경, 2009).

8. 라오스의 불교교단은 하나?

라오스의 불교교단은 태국과 유사하게 마하니카이 파와 담마유트 파로 양분되어 있지만 사원과 승려 수는 마하니카이 파가 훨씬 많다. 일반적으로 담마유트 파의 사원은 마하니카이 파의 사원보다 깨끗하고 잘 정비되어 있다. 라오스 정부는 양분되어 있는 불교 교단을 구분하거나 차별하지 않고 하나의 불교교단으로 간주한 정책을 펴고 있다.

라오스 불교교단의 최고 지도자인 상가라자(法王)은 마하니카이 파에 속해 있지만 마하니카이 파의 사원과 승려뿐만 아니라 담마유트 파의 사원과 사찰도 함께 관리하고 있다(이와모도 유다까, 1987).

9. 라오스의 출가와 환속

라오스에서 출가를 원하는 사람 중에서 10~17세의 소년은 부모의 허가를 받아야 할 수 있고 18세 이상의 사람은 거주하는 촌장의 허락을 받아야 출가할 수 있다. 라오스에서는 전반적으로 경제사정이 좋지 않기 때문에 경제사정이 어려운 소년들은 불교사원에 들어가 승려로서 다양한 교육을 받고 성인이 된 후에는 환속하는 경우가 많은데 라오스 사회에서는 이러한 환속을 비난하지 않는다(이와모도 유다까, 1987).

사원에서 불법을 체계적으로 학습하고, 수년간 불교 수행을 하여 자기절제가 가능하고 이타행을 늘 생각하는 사람이 사회에 나와 이웃과 사회를 위해 성실히 봉사하는 것도 의미가 있는 일이다.

10. 라오스 사원 = 소외계층 공교육 장소

라오스의 사원은 현재도 고산지역이나 저개발지역의 교육의 사각지대의 기초교육을 담당하고 있다(정미경, 2009).

| 표 17-3 | 동남아시아 국가들의 초등교육 달성률(2010)

(단위: %)

국　가	여성	남성	전체
캄보디아	86.9	87.2	87.1
라 오 스	83.6	89.3	86.5
미 얀 마	106.1	101	103.5
베 트 남	102.3 (2001)*	100.1 (2001)*	104.5 (2001)*

자료: WDI(2013)

11. 라오스 불교와 태국불교의 공통점과 차이점

라오스 불교와 태국불교는 마하니카이 파와 담마유트 파로 양분되어 있는 공통점이 있고, 양국 모두 승려의 환속에 대해 관대한 사회분위기를 갖고 있다. 차이점은 태국불교에서는 마하니카이 파와 담마유트 파가 대립하는 경우가 있는데 라오스에서는 두 개의 불교교단이 대립하는 경우가 많지 않다(이와모도 유다까, 1987).

12. 사회주의 정권과 불교

라오스에 사회주의정권이 들어서면서 20년간 '일하지 않고 놀고 먹는다'는 이유로 불교계에 가혹한 탄압을 가했다(김정희, 2012). 라오스의 사회주의 정권은 혁명 당시에는 이처럼 불교에 엄격한 태도를 보였으나 최근들어 국민들에게 불교를 권장하는 정책으로 선회하였다(石井米雄, 1991).

Check Point 엄격한 안거

라오스의 안거는 우기인 3개월 동안 지속된다. 안거 중에 승려들은 가족과 친지의 장례식이 있을 경우만 큰스님의 허락을 받아 외부에 나갈 수 있을 만큼 엄격하게 수행에 전념한다(김정희, 2012).

Check Point 퉁

라오스에서는 새로운 출가자가 생기면 대나무에 긴 종이 연을 매단 퉁을 세워 축하한다.

Check Point 사마네라

라오스의 젊은 남성들은 20세 이전에 사원에서 3개월에서 1주일정도 짧게 출가하여 불교적 올바른 생활습관과 가치관을 습득하는데 이러한 단기출가를 사마네라라고 한다.

13. 라오스 불교협회와 불교신도

라오스 불교협회는 라오스 불교계를 하나로 단단히 묶는 구심체다. 라오스불교가 공산화 과정에서도 불교의 전통을 잃지 않은 것은 라오스 불교협회와 불자들의 단합에서 나왔다.

라오스의 불자들은 사원에서 왼쪽 어깨에 하얀 천인 루트를 둘러 승려에게 예를 표한다. 또한 라오스 불자들은 스님을 주지로 라오스 불교협회에 추천하는 불교사원의 주지임명 추천권한을 갖고 있는 등 불교교단의 한축을 형성하고 있다(김정희, 2012).

Check Point 라오스 불교와 정령신앙

라오스의 상좌부 불교는 라오스의 토착신앙인 정령숭배 신앙인 피(phi)와 혼합되어 라오스의 일상 생활 속에서 기능적으로 상호 보완적인 관계를 유지하고 있다.

Check Point 라오스 장례식과 불교

라오스에서는 삶의 마지막 의례인 장례식에서 승려가 모든 과정을 주관하는데 화장을 원칙으로 한다(김영애, 2007).

Check Point 동자승 = 사회지도층

라오스에서는 남성들이 어린 시절 사원에서 동자승을 해야만 어른이 되었을 때 사회지도층의 대열에 합류할 수 있다(정미경, 2009).

14. 라오스 경제의 키워드

라오스는 <표 17-4>에서 보듯이 새천년 개발 목표를 세우고 빈곤탈출을 위해 매진하여 큰 성과를 이루었으나 글로벌 시장에서의 경쟁력은 아직 미흡한 수준이다. 라오스의 수력산업과 관광산업은 라오스 경제의 성장동력이다. 라오스는 메콩강을 활용한 수력산업에 집중하고 있는데 메콩강의 수력산업의 개발에는 인도차이나 반도 인근 국가들뿐만 아니라 선진국들도 적극적으로 참여하고 있다.

| 표 17-4 | 라오스의 제7차 국가사회경제개발계획의 분야별 주요 목표

분야	주요 목표
거시경제 분야	• GDP 성장률 8% • 한 자리수 물가상승률 및 안정적 환율 • 수출 성장: 연 18%, 수입 성장: 연 8% • 재정 수입: GDP의 18~9% • 예산 적자: GDP의 5% 미만
사회 분야	• 빈곤률 19% 미만 감소 • 초등학교 취학률 98% 실현 • 영유아사망률 45/1000명, 아동사망률 70/1000명 이내로 감소 • 실업률 2% 미만
환경보호 분야	• 산림지역을 국토의 65%까지 확대 • 광물자원 및 수자원 보호 • 기후변화 문제 대응 강화
국제통합 분야	• GDP 대비 국제교역 비율을 2011년 83%에서 2015년 100% 이상 확대 • ASEAN과의 완전한 통합 실현

자료: 외교부(2013), 채재은 외(2014).

LAO NATIONAL MUSEUM

50000
AB 7665310

ເບຍລາວ
Beerlao
Lager Beer
LAO BREWERY COMPANY LTD

ທຸກສິ່ງທຸກຢ່າງເພື່ອພາລະກິດປົກປັກຮັກສາ ແລະ ພັດທະນາປະເທດຊາດ
unitel
STAR TELECOM CO., LTD.

제3장 캄보디아의 불교

1. 앙코르 문화

크메르족이 9~12세기 사이에 인도문화를 받아들여 앙코르에 대규모 사원과 도시를 만들었다. 캄보디아는 인도에서 바라문 출신 카운디냐 왕이 크메르 토후의 딸인 여왕과 결혼했다는 전설이 있을 만큼 인도의 종교, 문화가 지대한 영향을 미쳤다. 캄보디아의 고대왕국인 부남의 전성기 영토는 현재 베트남 중부까지 미쳤다.

캄보디아는 불교국가이지만 인도의 종교인 상좌부 불교, 대승불교뿐만 아니라 힌두교도 전파되었다. 이러한 이유로 캄보디아인의 신앙의 대상은 불교의 관세음보살과 힌두교의 시바신, 비슈누신 등이 혼합되었다. 앙코르는 도성을 의미하는 캄보디아어로 앙코르 왓트는 도성사원을 의미한다(이와모도 유다까, 1987).

앙코르 제국은 11세기경 이후에 인도차이나 반도 전역으로 그 세력을 확장하였다. 앙코르 제국은 대승불교와 힌두교를 융합하여 크메르문명을 낳았고 그 영향이 인도차이나 반도 전역에 미쳤다(김영애, 2007).

2. 바라문교와 불교의 동시 번영

캄보디아는 부남(扶南)으로 불렸던 국가로 기원전 309년 상좌부 불교가 유입되었다. 부남시대에는 상좌부 불교가 크게 발전하였고 진랍시대에는 대승불교가 유입되었지만 상좌부 불교가 쇠퇴하지 않고 바라문교와 함께 발전되었다.

이 당시 캄보디아인들은 바라문교와 불교를 정확하게 구분하지 않고 유사한 인도종교로 신앙했다. 앙코르 왕들도 바라문교와 불교 등 다른 종교를 편견없이 평등하게 보호하였다(이와모도 유다까, 1987).

수리야와르만 1세는 대승불교도임에도 불구하고 브라만교를 편견없이 대하여 두 종교의 조화를 추구하였다. 또한 상좌부 불교의 확산도 막지 않았다(김성수 외, 2012).

3. 크메르 미소

캄보디아 국민들로부터 가장 존경을 받는 자야바르만 7세는 자칭 보살이라고 하였을 만큼 독실한 불교신자였다. 자야와르만 7세는 앙코르 톰의 중심사원인 바이욘을 건립하였다. 자야바르만 7세는 자칭 관세음보살임을 자각했다. 이 시기에 크메르 미소로 유명한 불상이 캄보디아 각지에 세워졌는데 크메르 미소 불상은 크메르인을 보호하고 모든 불행으로부터 지키기 위해 극락에서 온 보살이라고 믿었다. 크메르 미소의 4면석상은 관세음보살인 왕자신의 얼굴이기도 했다. 새벽달같은 입술은 캄보디아인들을 종교적 신비의 세계로 이끌었다(이와모도 유다까, 1987).

4. 앙코르의 멸망과 상좌부 불교

야쇼바르만 1세(재위 889-900)때 앙코르 왕국은 인도차이나반도의 전역을 지배할 정도로 강력하였는데 이 시기에 대승불교는 정식으로 인정받게 된다. 그러니 1357년, 1394년, 1420년에 걸친 태국의 침략으로 수도인 앙코르 톰을 포기하였고 1593년 완전히 멸망하게 되는데 멸망 이후 대승불교와 바라문의 쇠퇴하고 상좌부 불교가 발전하게 된다(김정희, 2012).

9세기부터 12세기까지 캄보디아의 앙코르 문명은 힌두교와 대승불교의 문화였는데 13세기 태국이 침공하면서 앙코르 문명이 쇠퇴하고 태국에서 유입된 상좌부 불교가 번성하기 시작했다(石井米雄, 1991).

앙코르 왕국은 현재의 태국인 시암의 공격으로 멸망하였다. 캄보디아를 지배하게 된 시암은 상좌부 불교를 전파하였고 이로인해 앙코르 왕국에서 함께 번영하였던 대승불교와 바라문교는 쇠퇴하였다. 특히 바라문교의 사원은 불교의 파고다로 개조되는 경우가 많아졌다(이와모도 유다까, 1987).

Check Point 캄보디아의 불교와 힌두교

인도문화와 힌두교의 영향을 많이 받은 캄보디아 사회는 개인의 사회적 신분과 지위에 대한 구별이 다른 동남아 국가들에 비해 강하다(김영애, 2007).

5. 태국과 베트남의 지배 그리고 프랑스 보호령

1431년 현재의 태국인 시암이 캄보디아를 침략한 후, 19세기 중반에 캄보디아가 프랑스의 식민지가 되기까지 캄보디아는 인근 강대국인 태국과 베트남의 지배를 번갈아 받으며 캄보디아 왕국이 명맥만 유지하는 쇠락의 길을 걷게 된다.

1864년 캄보디아는 태국과 베트남의 지배에서 벗어나기 위해 자진하여 프랑스의 보호령으로 편입하였다. 1884년에 캄보디아의 노르돔(Norodom)왕은 명목상의 왕위만 유지하고 캄보디아의 통치권을 프랑스에 완전히 넘겨주었다(김정희, 2012).

Check Point **프랑스는 베트남을 통해 간접통치**

프랑스는 캄보디아를 직접 지배하지 않고 베트남인을 캄보디아에 데려다가 베트남인을 통해 캄보디아를 통치하였다(김정희, 2012). 또한 베트남은 캄보디아의 폴포트 정권을 몰아 내고 캄보디아에 진주하여 베트남의 문화를 캄보디아에 주입하려고 하여 캄보디아 국민들과 갈등이 발생하였다.

6. 프랑스 식민시기 불교

프랑스의 캄보디아 지배로 캄보디아의 불교와 사원은 쇠퇴하였지만, 아이러니컬하게도 앙코르 유적은 프랑스인에 의해 밀림속에서 발견되어 문화재로 보호되었다(이와모도 유다까, 1987). 현재까지도 앙코르 유적의 복원과 유지에 프랑스는 전폭적인 지원과 공헌을 하고 있다. 역사는 알 수 없는 일이다.

Check Point **시아누크와 폴포트 그리고 불교**

캄보디아의 국가원수였던 시아누크는 과거에 3개월간 캄보디아의 담마유트의 불교사원에서 승려 생활을 하였다(이와모도 유다까, 1987). 시아누크는 불교에 친화적이었다. 그러나 캄보디아 국민에게 킬링필드의 슬픈 멍에를 안겨준 폴포트 정권에서는 불교를 탄압하고 말살하려고 했다(石井米雄, 1991).

7. 캄보디아의 불교교단

캄보디아에는 약 3,000 곳의 사원과 약 95,000여 명의 승려가 있다(김영애, 2007). 캄보디아의 불교교단은 태국의 영향으로 태국과 같이 마하니카이 파와 담마유트 파로 양분되어 있다. 태국과 마찬가지로 담마유트 파는 계율을 준수하는데 엄격하고 마하니카이 파는 담마유트 파에 비해 계율 준수에서 상대적으로 엄격함이 떨어진다.

또한 외형적인 차이는 탁발을 나갈 때 담마유트의 승려들은 발우를 두손에 들고 다니는데 마하니카이 승려는 발우를 자루에 넣어 어깨에 메고 다닌다.

전반적으로 마하니카이 파의 사원과 승려가 훨씬 많다. 마하니카이와 담마유트의 두 개 교단은 상가나요그(僧正)라는 두 명의 불교 최고지도자에 의해 관리되고 있다. 이러한 승정(僧正)은 국왕이 임명하고 두명의 승정(僧正)은 독립적으로 각자의 교단 사원과 승려를 관리한다(이와모도 유다까, 1987).

Check Point 캄보디아 불교와 태국 불교의 차이점

캄보디아 불교는 교단의 형태 등 제도적으로 태국 불교와 유사점이 많지만, 캄보디아 불교는 태국의 상좌부 불교에 비해 신앙 내용에서 힌두교와 대승불교의 영향이 강하게 남아 있다. 캄보디아 불자들은 불교의 계율을 준수하고 사원과 승려에게 희사해서 공덕을 쌓는 일은 내세에 좋은 세상에 태어나는 것뿐만 아니라 현세에도 행복을 가져다 준다고 생각하고 있다(이와모도 유다까, 1987).

Check Point 캄보디아와 태국의 관계

캄보디아의 온 엔 왕은 왕에 즉위하기 전에 태국의 사원에서 출가 생활을 했을 정도로 캄보디아 불교는 태국의 영향이 강하다. 이러한 태국의 영향을 배제하고자 프랑스는 캄보디아를 식민지배할 때 캄보디아 불교에서 태국의 영향을 없애려고 하였다(石井米雄, 1991). 캄보디아와 태국은 국경문제로 긴 시간 국교를 단절하였었다(이와모도 유다까, 1987).

8. 캄보디아의 불교교육

캄보디아에서는 부모의 지위고하를 막론하고 아이들은 어릴 때 사원에서 읽고 쓰기와 불법의 기초교육을 받고 기초교육이 끝나면 12세가 되면 사미가 되고 만 20세가 되면 비구가 된다. 비구가 되기 위해 고등교육을 받고 팔리어와 교리를 공부해야 한다. 캄보디아에서는 누구나 일생에 한번 비구가 되는 것은 부모님의 은혜에 대한 자식으로서의 보답이자, 의무라고 생각한다.

Check Point 아, 몽, 판디트

캄보디아에서 승려가 환속을 하여 속세로 돌아와도 상가에서 승려시절 습득한 불교지식에 따라 아 또는 몽이라는 이름을 얻는다. 또한 매우 탁월한 불교지식이 있는 사람은 학자 또는 성직자의 의미를 갖고 있는 판디트라고 불린다.

Check Point 캄보디아에서 황색 승복의 의미

캄보디아에서 승려가 입는 황색 승복은 존경과 위엄의 상징이다.

9. 캄보디아에서 불교가 사회에 미친 영향

캄보디아에 전파된 상좌부 불교는 신비로운 기적과 같은 가르침을 배척하였다. 이러한 불교의 가르침으로 인해 캄보디아에 상좌부 불교가 전파된 이후 캄보디아에 상존하고 있던 미신 등이 많이 사라졌다.

또한 캄보디아에서는 불교사원에서 종교적 행사가 많이 이루어지고 있는데 이러한 행사에 참여함으로써 공동체 의식이 높아졌다. 특히 캄보디아에는 불교축제가 많은데 불교축제 때는 축제기간 며칠이라도 불교의 5계를 준수하게 함으로써 자기성찰과 도덕심을 높일 수 있는 계기가 되고 있다. 매일 아침 승려들에게 공양하는 따뜻한 마음도 매일 자라나는 탐욕을 극복할 수 있는 기회로 작용하고 있다(이와모도 유다까, 1987).

Check Point 많은 불교축제는 가난을 가져왔나, 풍요를 가져왔나

캄보디아에는 불교축제가 많다. 많이 개최되는 불교축제가 캄보디아의 가난의 한 원인이 되고 있다는 주장도 있다. 물론 축제에는 금전, 시간, 노동력이 투여된다. 그러나 불교축제를 준비하면서 느끼는 공동체의식, 종교적 사색은 힘든 일상생활 속에서 감내해야 될 고통의 무게를 줄여 줄 것으로 보인다.

Check Point 불교국가, 종교의 자유는...

캄보디아는 1956년 개정된 헌법에 의해 종교의 자유를 허용하고 있지만 불교를 국교의 지위에 두고 있다.

10. 불교사원은 증가, 승려는 감소

캄보디아에서는 1946년 이후 불교사원은 증가하였으나, 승려는 감소하고 있다. 여러 가지 이유가 있겠지만, 공덕에 대한 생각과 시대흐름에서 온 변화로 보인다. 캄보디아에서는 사원의 건축과 수리는 공덕을 쌓는 행위로 인식하여 사원건축은 지속적으로 증가하고 있다. 승려 수의 감소는 시대적 상황변화에 따른 것으로 추측된다.

캄보디아의 승려 중에는 승려에게 부여되는 수업료 면제 등의 교육에 대한 특전과 의식주 보장 등 때문에 승려가 된 사람도 있다. 이러한 일부 승려들은 학위와 자격을 받으면 환속하여 관리가 되는 것을 바라는 사람도 있다(이와모도 유다까, 1987).

11. 캄보디아 경제의 키워드

최근 들어 캄보디아는 정치가 안정되면서 경제가 견실한 성장세를 보이고 있다. 캄보디아는 이러한 정치경제적 안정을 토대로 <그림 17-1>에서 보듯이 빈곤을 탈피하고 국가경쟁력을 향상시키려고 노력하고 있다. 캄보디아는 킬링필드에서 앙코르 제국의 영광을 다시 찾기 위해 관광산업, 제조업을 중심으로 변신에 변신을 거듭하고 있다.

캄보디아 국민들은 앙코르 왓트를 가장 자랑스러워하고 국민적 자긍심으로 삼고 있다. 앙코르 왓트는 지천단이 현대의 눈으로 보아도 경이롭다. 캄보디아 국민들은 앙코르 왓트를 건설했던 저력을 다시 재현하려는 희망찬 열의를 갖고 있다. 캄보디아는 개혁·개방정책을 가속화하면서 봉제업을 중심으로 외국인 투자가 증가하고 있다. 캄보디아는 이제 아픈 역사를 뒤로하고 크메르 미소의 온화함과 포용력을 세상을 향해 펼쳐 보이고 있다.

그림 17-1 캄보디아의 발전전략

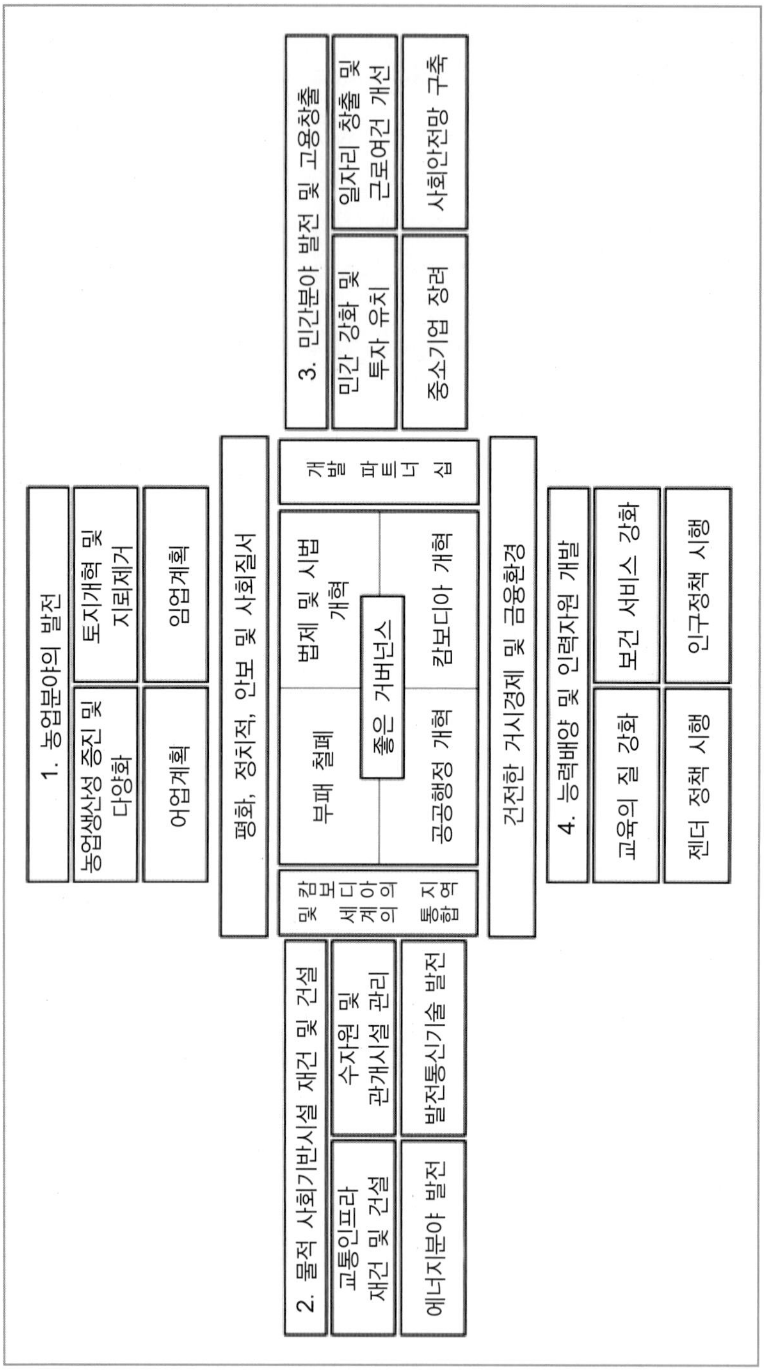

자료: Royal Government of Cambodia(2009). 이재호 외(2012)

제4장 베트남의 불교

1. 베트남엔 두 개의 델타가 있다

베트남은 북부와 남부에 두 개의 델타가 있는데 이 두 곳의 기름진 평야는 베트남의 2대 쌀 생산지로 베트남인들은 이곳에 집중되어 있다. 이 두 개의 델타는 북부에 하나, 남부에 하나 있는데 북부는 홍하강이 만든 델타가 있고, 남부에는 메콩강이 만든 델타가 있다.

2. 안남인과 소수민족

베트남 국민의 90%는 안남인(安南人)이라고 불리는 비엣족이다. 안남인은 수천년 전에 중국의 화남지방에서 북부베트남으로 이주하였다. 안남인들은 토착민들과 인도화된 참파를 정복하면서 베트남 델타지역에 정착하였다.

베트남의 주류 종족인 안남인은 주로 베트남의 델타지역에 거주하면서 농업에 종사하였다. 이에 비해 수 많은 소수민족들은 산악지대와 고원지대에서 유목이나 화전농으로 살아가는 경우가 많다.

Check Point 베트남은 왜 월남으로 불리는가

베트남은 월남(越南)이라고 많이 불리는데, 그 이유는 베트남이 중국의 월(越)나라 남쪽에 있는 국가라는 의미이다. 월남이란 말은 중국의 월나라의 멸망으로 남쪽으로 이동한 부족들이 정착하여 나라를 구성한데서 비롯한 말이다(김정희, 2012).

3. 중국의 천년지배와 불교

중국의 베트남 지배는 1천년 이상이다. 이 장구한 세월 속에 중국의 문화가 베트남 구석구석에 유입되었다. 중국의 한나라는 베트남을 3군으로 나누어 지배하였다. 베트남이 중국으로부터 최초로 독립한 것은 907년 당나라가 멸망하면서 였다. 2차대전 때는 일본군이 베트남에 진주하자 베트남 민족주의자들은 중국으로 망명하기도 했다(이와모도 유다까, 1987).

100년도 아니고 1000년의 중국지배는 중국의 문화 중에서도 중국의 다양한 종교를 베트남에 전파시켰다. 중국의 유교, 도교, 대승불교는 베트남에 시대별로 유입되어 베트남의 사회와 문화에 지대한 영향을 미쳤다.

인도차이나 반도의 상좌부 불교 국가들이 대부분 팔리어 성전을 공유하고 있는데 베트남은 한역불전을 공유하고 베트남식 한자음으로 독송하는 한월음이라는 체계를 갖고 있다(김성수 외, 2012).

Check Point 帝는 僧과 함께 천하를 다스렸다

베트남 역사가들은 1천년 중국으로부터 식민지배에서 벗어난 초기 베트남 왕실의 통치를 다음과 같이 말하고 있다 "帝는 僧과 함께 천하를 다스렸다."

베트남이 중국으로부터 독립하여 세운 초기 왕조인 丁朝, 黎朝, 李朝에서는 당시 고승들이 정치에 참여하여 국가의 기반을 다지는데 기여했다(이와모도 유다까, 1987).

베트남이 중국으로부터 독립후 초기 왕조인 丁朝, 黎朝의 짧은 통치기간을 지난 후 李朝를 거치면서 승려의 정치 참여가 아주 두드러졌다(김정희, 2012).

Check Point 진조 왕 = 보살

진조의 역대 12인의 왕들은 자신을 보살이라고 칭하고 왕비를 비구니, 왕자와 공주를 승중(僧衆)이라고 하였다(김성수 외, 2012).

4. 유교 유입과 불교 쇠퇴

베트남 왕실의 유교 도입과 중국식 관직개편의 변화 속에서 불교는 왕족과 중앙정치세력으로부터 멀어지게 된다. 이와 같은 현상은 진조시대부터 보이기 시작했는데 이때부터 베트남의 불교는 그 대상이 왕족과 귀족에서 백성으로 바뀌었다(김정희, 2012).

陳朝에서는 과거제도를 통해 등용된 유교적 지식을 갖춘 관인들이 정치적 핵심역할을 하면서 李朝처럼 승려의 정치참여와 정치적 지위가 보장되지 않았다(이와모도 유다까, 1987). 이처럼 유교가 베트남에 유입되면서 불교는 점점 베트남의 중앙무대에서 쇠퇴하기 시작했다.

5. 유교 = 정치세력, 불교 = 민중세력

李朝와 陳朝의 왕들은 불교를 존중했다. 李朝의 태조는 어렸을 때 불교 사원에서 양육되어 불심이 깊었고, 陳朝의 3대 왕인 인종은 베트남 불교의 무언통파의 승려가 되어 왕위를 물려준 다음 죽림파(竹林派)라고 불리는 임제파(臨濟禪)의 일파를 열었다.

그러나 왕조가 힘을 잃으면서 불교도 힘을 잃어 불교는 중앙무대에서 민중 속으로 파고들었고 유교중심의 정치세력에 대항하는 구심점이 되었다. 또한 여조의 성종은 뛰어난 유학자로서 유학을 존중하여 1461년 새로운 불교 사원을 건립하는 것을 금지하였고, 백성들이 불교 사원에 희사하는 것도 금지하였다.

이러한 숭유배불의 불교 억압정책으로 인해 이 시기 많은 승려들이 환속하였다. 특히 여왕조의 강력한 숭유배불정책으로 유교는 국가의 이데올로기로 되었고, 불교는 민중 속으로 들어갔다(이와모도 유다까, 1987). 여왕조 이후에 등장한 완왕조는 여왕조보다 더 강한 숭유배불정책을 실시하여 불교는 점점 더 민중 속으로 파고들었다.

6. 베트남 불교는 대중적, 민족적

당나라의 고종은 베트남에 안남도호부를 설치하고 베트남을 더욱 중국화하려고 하였고 불교도 영향을 받았다. 베트남인들은 수나라에서 당나라로 옮겨지는 시기에 기존에 받아들였던 중국불교에서 탈피하여 베트남 민족의 독립적인 불교교단 조직을 형성하기 시작했다(이와모도 유다까, 1987).

베트남의 불교는 완조(阮朝)시대를 거쳐 프랑스 식민시대까지 정치권의 비판세력으로 제국주의로부터 베트남의 독립을 지키려는 베트남의 민족종교로 변해갔다(김정희, 2012).

완조 중기 이후 프랑스의 베트남 식민지배를 위한 침략에 베트남 불교인들은 독립운동을 주도하였다. 프랑스로부터 독립 이후 1975년 통일베트남이 출범하기 이전에 남부베트남은 정부의 독재, 부패와 무능으로 사회혼란이 지속되었는데 이때 베트남의 승려들과 불자들은 반정부 운동에 적극 참여하였다. 남부베트남의 정치지도자들은 가톨릭교도들이 많았다(이와모도 유다까, 1987). 이처럼 베트남의 불교는 대중적, 민족적 색채가 강하다.

7. 베트남 대승불교 = 유·불·선

인도차이나 반도의 대부분의 불교 국가들은 스리랑카로부터 상좌부 불교를 받아 들였으나 베트남은 중국의 지속적인 침입과 장기간 지배를 받으면서 유 불 선 혼합형태의 중국식 대승불교가 전파되었다(김정희, 2012). 베트남의 불교는 민중들의 실천종교의 성격이 강한데 불교뿐만 아니라 유교, 도교가 합쳐진 삼교의 성격이 강하다(石井米雄, 1991).

Check Point 비나다류지파 - 무언통파

비나다류지파는 인도의 선을 시작으로 생겼고, 무언통파는 중국의 선을 시작으로 성립되었다. 무언통파는 죽림파로 이어졌는데 죽림파는 중국식 불교를 베트남식 불교로 발전시키는데 큰 공헌을 하였다(김정희, 2012).

Check Point Vo Than

베트남 국민들은 불교와 천주교를 주로 믿는데 무신자들도 많다 베트남에서는 이러한 무신자들을 보턴(Vo Than)이라고 한다.

Check Point 까오다이

베트남에는 유교, 불교, 천주교의 사상을 종합하여 만든 혼합종교인 까오다이교가 있다. 까오다이교 신자들은 흰옷을 입고 채식을 한다.

8. 베트남의 경제의 키워드

베트남은 도이머이 정책 이후 외국인 투자가 급증하면서 <표 17-5>에서 보듯이 경제성장과 사회발전이 지속되고 있다. 베트남은 넥스트 차이나로서의 명성을 확대 발전시키기 위해 개혁과 개방을 가속화하고 있다.

| 표 17-5 | 베트남의 2011~15년의 부문별 주요 달성 목표

경제개발	교육·과학·사회	환경
• 연평균 경제성장률 7.5~8% • GDP 1,920~1,940억 달러 • 1인당 GDP 2,100달러 • GDP 구조 1차 19%, 2차 40.7%, 3차 40.3% • GDP 첨단제품 비중 45% • 산업생산 대비 제조업 비중 40% • 노동생산성 2011년 대비 1.5배 • 수출 연간 12.1% 증가 • 재정적자 GDP 대비 4.5%	• 2015년 숙련인력 비중 55% • 1만 명당 학생수 300명 • 2015년까지 첨단제품 30% • 발명특허 150% 증가 • 총인구 9,200만 명 이하 • 자연인구증가율 1% 이하 • 1만 명당 의사 8명, 병상 30석 • 2011~15년 국내고용 800만, 해외고용 45만 • 2015년 도시실업률 4%로 감소 • 빈곤가구율 연간 2~3% 감소	• 녹지율 2015년 42.5% • 수도보급인구 농촌 96%, 도시 98% • 산업 및 수출가공지역 중앙 오수처리설 70% 보유 • 도시 고형쓰레기 처리비율 85% • 의료폐기물 처리비율 85%

자료: Ministry of Planing and Investment of Vietnam(2011), 이재호 외(2012)

넥스트차이나로서 베트남은 생산기지뿐만 아니라 소비시장으로도 급부상하고 있다. 베트남은 숙련된 노동력뿐만 아니라 최근 중산층의 증대로 글로벌 소비시장으로 발돋움하고 있다. 베트남 정부는 부패근절, 국영기업의 개혁을 가속화하여 베트남의 국제경쟁력을 향상시키려는 노력을 경주하고 있다.

TOÀN ĐẢNG, TOÀN QUÂN, TOÀN DÂN
GIỮ VỮNG
CHỦ QUYỀN
VIỆT NAM

SỐNG, CHIẾN ĐẤU, LAO ĐỘNG VÀ HỌC TẬP THEO GƯƠNG BÁC HỒ VĨ ĐẠI

“ BIỂN BẠC CỦA TA
DO DÂN TA LÀM CHỦ.”
(Lời Chủ tịch Hồ Chí Minh)

THÀNH ĐOÀN TP. HỒ CHÍ MINH
NHÀ VĂN HÓA THANH NIÊN
Đi để trưởng thành với
HỌC KỲ TRONG
QUÂN ĐỘI
Hotline: 01.277.377.377

CÔNG NHÂN, VIÊN CHỨC, LAO ĐỘNG THÀNH PHỐ HỒ CHÍ MINH
GƯƠNG MẪU ĐI ĐẦU TRONG SỰ NGHIỆP CÔNG NGHIỆP HÓA, HIỆN ĐẠI HÓA

Q1X-312B

제5장 태국의 불교

1. 타이족 이동

태국은 인도차이나 시암반도의 중심부에 있는 국가이다. 태국국민의 다수를 차지하고 있는 타이족은 시암족과 라오족을 말한다. 타이는 자유를 의미한다. 타이족은 중국 남쪽에 집단 거주하였으나 원나라의 침략으로 자유를 찾아 현재의 인도차이나 반도 쪽으로 남하하였다(김정희, 2012).

2. 수코타이 왕조와 불교

태국의 최초 왕국인 수코타이 왕국은 미얀마의 왕국보다 2세기 늦은 13세기에 현재 태국 중부의 수코타이를 중심으로 건국하였다(石井米雄, 1991).

13세기에 타이족은 크메르를 침공하여 북부 수코타이를 빼앗고 수코타이 왕조를 개국하였다. 수코타이 왕조는 테라바다 불교를 채택하고 신봉하였다(이와모도 유다까, 1987).

3. 수코타이 왕조 이전의 종교

수코타이 왕조 이전의 태국은 현재의 캄보디아인 크메르(Khmer)의 지배를 받았는데 이 당시 크메르인들은 대승불교(Mahāyāna)와 힌두교를 믿고 있었다(정준영, 2015).

Check Point 라마캄헹 왕의 각문

13세기 라마캄헹(Rāma Khamheng) 왕의 수코타이 왕조는 크메르로부터 벗어나 상좌부 불교를 왕국의 공식종교로 삼는다(정준영, 2015). 수코타이의 라마캄헹(Rāma Khamheng) 왕의 각문에는 그 당시 국왕, 왕족, 귀족뿐만 아니라 일반 백성들까지 모두 상좌부 불교를 신봉하고 있음이 나타나 있다(石井米雄, 1991).

수코타이의 람마캄헹 왕은 상좌부 불교를 수용하고 전파하여 과거 타이족을 지배하였던 크메르제국의 문화인 대승불교와 힌두교 문화와는 차별화된 타이족의 불교문화를 창달하려고 하였다(김영애, 2007).

4. 수코타이 왕조와 스리랑카 불교

라마캄헹 왕은 비구들을 스리랑카로 유학 보내 스리랑카로부터 상좌부 불교 구족계를 받고 상좌부 불교를 체계적으로 연구하게 하였다. 스리랑카에서 상좌부 불교를 연구하고 돌아온 수코타이의 비구들은 스리랑카의 상좌부 불교교리뿐만 아니라, 스리랑카 불교건축 등 스리랑카의 다양한 상좌부 불교문화를 수코타이에 소개한다(정준영, 2015).

5. 아유타야 왕은 불교적 질서의 수호자

14세기 차오프라야 강 하류에 건국한 아유타야 왕국에서 상좌부 불교는 국가실서의 토대가 되었다. 국왕은 불교사원을 건립하고 불교유적을 참배하는 등 불교적 질서를 유지하는데 모범을 보였다. 당시 아유타야는 국제항구도시로서 상좌불교 이외에도 이슬람교 등 다른 종교가 있었지만 국왕은 종교적 탄압을 하지 않았고 불교적 사회질서의 근간이 위협 받을 때는 타종교의 금지령을 내려 불교적 질서를 강력하게 수호하였다(石井米雄, 1991).

아유타야 왕국은 400여년 동안 번성하는데 크메르를 복속시키면서 크메르의 영향으로 대승불교와 힌두교의 영향이 있었지만 아유타야 왕조의 왕들은 불교를 보호하면서 발전시켰다. 특히 라마티보디 왕은 상좌부 불교를 국교로 선포하였다. 아유타야 왕국의 왕들은 국왕이 불교의 중심이며 왕궁은 불교교육의 중심이 되도록 최선을 다하였다(김성수 외, 2012).

6. 차끄리 왕조와 불교

아유타야 왕조가 미얀마에 의해 멸망한 후 혼란기 속에서 1782년 방콕왕조인 차끄리 왕조가 들어섰는데 차끄리 왕조의 왕들은 불교에 대한 신앙심이 강해 전국에 많은 사원을 건립하는 등 상좌부 불교 발전에 지대한 공헌을 하였고 현재까지도 국왕과 왕실의 불교에 대한 애정은 지속되고 있다.

7. 몽꿋왕의 사회개혁

라마 4세(RāmaIV)인 몽꿋(Mongkut)왕에 의해 태국은 근대화가 본격적으로 진행되었는데 몽쿳왕은 사원에서 27년간 비구로서 오랜 기간 승려생활을 하였고 왕에 즉위한 이후 국정의 여러 부문에서 개혁을 단행하였는데 뭉쿳왕은 불교의 정신에 입각하여 노예제도, 도박, 음주, 아편 등을 금지시키고 여성들의 사회적 지위를 향상시켰다(이와모도 유다까, 1987).

8. 뭉쿳왕의 개혁과 불교 종파

뭉쿳왕은 사회전반적으로 강력한 개혁을 추진하면서 불교교단에 대해서도 불교계율의 엄격한 준수와 혁신을 요구하였다. 몽쿳왕은 불교교단을 개혁하여 율장을 강조한 탐마유트 종파를 창시하였다(김영애, 2007).

이러한 뭉쿳왕의 불교교단에 대한 개혁 요구로 인해 태국의 불교교단은 개혁파인 담마유트(정통파, 정법파)와 정통파에 속하지 않는 마하니카이(대중파, 대사파)로 분리되었다(이와모도 유다까, 1987).

몽쿳왕은 상가의 계율을 엄격하게 준수하는 담마윳띠가 니까야(Dhammayuttika Nikāya)를 재구성한다. 이러한 몽쿳왕의 개혁으로 태국의 상가는 왕실의 전폭적인 지원과 더불어 엄격한 계율을 지키는 종파로 현재까지 유지되고 있다(정준영, 2015).

담마유트(Dhammayut)의 정통파는 계율을 지키는데 매우 엄격하다. 라마 4세 뭉쿳 왕이 승려였을 때 계율의 엄격한 준수를 한 것이 영향을 미쳤다. 탐마유트 교단에 속하는 태국 내 사원수는 전국 사원의 약 4%에 불과하지만 모두 태국 왕실과 관계가 되고 계율이 엄격하게 지켜지고 있어 태국 국민들로부터 신뢰를 받고 있다. 태국의 왕족과 지식인들은 일반적으로 탐마유트 종파로 출가한다.

태국의 전국에 있는 많은 사원은 대부분 마하니카이(Mahanikai) 교단에 속하고 남부, 동북부, 북부, 중앙의 4대교구로 분류되어 있다. 담마유트(Dhammayut)의 정통파와 마하니카이(Mahanikai)의 대중파는 계율의 엄격 준수부분에만 차이가 있고 불교 교의상 차이는 전혀 없다(이와모도 유다까, 1987).

Check Point 정통파와 대중파의 계율의 공통점과 차이점

정통파와 대중파 모두 일일일식과 오후에 식사를 하지 않는다. 그러나 식사방법에 있어 정통파는 탁발해 온 음식을 밥과 반찬의 구분없이 뒤섞은 후에 공평하게 배분하여 먹는다. 이에 비해 대중파는 밥과 반찬이 따로 제공되고 식사 외에도 우유와 음료같은 간식도 섭취할 수 있다.

길거리를 나갈 때 신발 착용도 정통파는 반드시 맨발로 나가야 된다. 이에 비해 대중파는 샌들을 신을 수 있다(김성수 외, 2012).

9. 태국 국왕과 상가

태국의 국왕들은 승려들의 지계(持戒)를 엄격히 감시하여 상가의 품위를 유지 발전시키고 있다. 1902년 제정한 상가통치법은 태국 전국에 있는 모든 사원과 승려는 수도에 설치한 대장로회의의 통제하에 두었다. 따라서 태국의 모든 승려는 중앙집권적인 통제를 벗어날 수 없고, 정부의 후원아래 시행되는 교리시험을 봐야 한다(石井米雄, 1991).

Check Point 승려 자격시험

태국에서는 아유타야 왕조의 나라이 왕 때부터 처음으로 승려자격 시험제도를 시행하여 승려 자격을 3등급으로 구분하고 시험에 불합격한 승려는 승적을 박탈하였다(김성수 외, 2012).

10. 상가법과 정부

태국은 상가법에 의해 마하니카이(Mahanikai)와 담마유트(Dhammayut) 모두 태국 상가라는 통일상가에 의해 소속되어 하나의 상카라트(法王)의 통제를 받고 있다(石井米雄, 1991).

라마 5세는 1902년에 상가법을 발표하고 전국에 있는 모든 사원들을 승왕(Sangharāja)의 감독 하에 두는 중앙집권적인 승단을 구성하였다. 상가법에 의해 승왕은 정부가 임명권을 갖고 있다(정준영, 2015).

이처럼 태국은 1902년 상가법이 제정되어 승려는 반드시 어떤 사원인가에 소속되어 있어야 한다. 또한 태국에서는 상가라고 하더라도 상가가 국가에 속해 있으므로 태국정부가 제정한 상가법을 지켜야 한다. 이 상가법을 위반하게 되면 위반 사항이 상가 내부에 한정된 일이라고 하더라도 국가의 법을 위반한 것으로 된다(이와모도 유다까, 1987).

Check Point 파티목카, 우포사타

태국의 승려들은 파티목카라고 하는 227가지의 계율을 준수해야 된다. 227가지의 계율인 파티목카 중에서 살생의 죄, 여자를 범하는 죄, 훔치는 죄, 거짓말의 죄 등 4가지를 범하면 불교 교단에서 추방당하고 승적도 박탈당한다(김정희, 2012).

파티목카(戒本)는 어원상으로 유대를 의미한다. 개인 비구가 파티목카(戒本)를 공유하여 공동체의 상가에서 유대있게 결속하는 것을 말한다. 또한 태국의 비구들은 매월 모여 파티목카를 독송하고 자신의 행위를 반성하는 우포사타라는 의식을 갖는다.

11. 태국의 승복

태국의 비구는 황의를 항상 착용해야 하며 다른 옷을 입을 수 없다. 하얀색은 재가의 옷색깔이고 황색은 출가자의 옷 색깔이기 때문이다. 이러한 황의는 삼의(三衣)로 구성되어 있는데 어깨에 걸치는 대의(大衣), 몸전체를 감싸는 상의(上衣), 허리에 두르는 하의(下衣)로 구성되어 있다.

Check Point 태국국기에 나타난 불교

태국의 국기는 청백홍의 삼색으로 구성되어 있는데 청은 왕실을, 백은 불교를 홍은 국가와 불교를 수호하기 위해 흘리는 국민의 피를 의미한다고 태국국기를 제정한 라마 6세가 기록하였다(이와모도 유다까, 1987).

Check Point 승려와 국왕의 사회적 지위

태국 국민들의 국왕에 대한 존경과 사랑은 변함이 없다. 이러한 국민의 절대 존경을 받고 있는 국왕도 승려한테는 무릎을 꿇고 절을 하는 예를 갖춘다. 태국의 승려는 국왕 앞에서도 절하지 않는다. 태국의 승려가 엎드려 절해야 하는 대상은 부처님뿐이다(김정희, 2012).

12. 태국에서 출가는 2번?

태국에 현대의 서양식 교육이 도입되기 전까지 태국 남성들은 일반적으로 2번 출가하였다. 첫 번째 출가는 일반적으로 5-6세나, 10세의 어린 나이에 교육을 위해 사미승(Samanera)으로 출가하였다(김영애, 2007). 태국에서는 출가의 득도식 때 꽃, 향, 초를 담은 그릇을 불교사원의 장로에게 바치면 장로는 황의를 소년의 목에 살짝 감아주듯하여 소년이 집착으로부터 떠났다는 표시를 해준다. 두 번째 출가는 젊은 남성들이 20세 때쯤에 단기간 또는 평생 출가한다.

13. 태국에서 승려가 될 수 있는 요건

태국에서는 비구가 되려면 만 20세가 되어야 한다. 따라서 만 20세 미만의 남성은 사미로서 출가하여 20세가 지나 구족계를 받아야 비구가 될 수 있다. 만 20세가 된 남성이 비구가 되려면 한쎈씨병, 나병, 간질병, 부채가 있는지, 자유인인지 등 8가지 항목을 심사받아 통과해야만 한다.

Check Point 화상(和尙)

태국에서는 수계식에 10명 이상의 비구가 배석해야 된다. 불가피하게 비구의 수가 부족할 때는 5명이라도 배석해야 되는데 배석하는 비구는 자격이 있는 화상(和尙)이어야 한다. 화상이 될 수 있는 자격은 비구로서 10회의 우안거 경험이 있고, 최하급 팔리어 시험이나 1급 교리시험에 합격한 비구여야 된다(이와모도 유다까, 1987).

Check Point 부엇껀비얏 - 콘팁

태국사회에서는 승려의 경험이 없는 사람을 콘팁이라고 하여 선악이나 사리를 판단할 줄 모르는 미숙자(未熟者)로 경시하는 관습이 남아 있다. 태국에서는 국왕이 직접 출가함으로써 남성의 출가풍습이 비롯되었고, 출가의 경험이 있는 사람을 부엇껀비얏이라고 한다. 버롬마꼿왕 때는 출가하지 않은 남성은 관직에 등용되지 않았다(김영애, 2007).

태국에는 약 29,000개의 불교사원이 있고 승려의 수는 26만 정도이다(김정희, 2012). 태국의 승려 숫자는 우리나라 중소도시의 인구정도로 태국사회에서 승려가 얼마나 중요하고 많은 역할을 하는지 짐작해 볼 수 있다.

Check Point 태국엔 비구니가 없다?

태국에는 비구니들이 없고 사원에 거주하며 수행하면서 사원의 살림살이를 맡아하는 매치가 있다.

Check Point 낙탐(Nak Dhamma)

태국의 불교 수행자 중에서 상좌부 불교를 연구하는데 필요한 팔리어와 불교경전의 고급과정을 끝낸 수행자를 낙탐(Nak Dhamma)이라고 한다(김영애, 2007).

14. 탐분 = 공덕을 쌓는 것 = 행복을 만들어 내는 것

탐분(make merit)은 재가불자가 공덕을 쌓는 것을 의미한다. 그런데 이 탐분의 의미는 재가불자가 단순히 고통에서 벗어나기 위해서 공덕을 쌓는다는 소극적인 행위가 아니고 공덕을 쌓아 적극적으로 행복을 만들어 낸다는 의미이다.

분은 팔리어 푼냐의 태국어의 음역으로 공덕, 선행을 의미한다. 이러한 분(공덕)을 만들어내는 행위가 탄분이다. 태국에서는 선행에 의해 선과(善果)를 얻는다는 말이 있다.

태국인들은 복(福)은 신이 내려주시는 것이 아니고 스스로가 만들어 낸다고 생각한다. 즉, 복은 스스로가 쌓은 공덕의 결과로 받아들인다(이와모도 유다까, 1987).

태국인들은 "선업은 선과를 낳고 악업은 악과를 낳는다"는 윤회와 업의 불교사상을 믿고 있다. 특히 악과는 피할 수 없는 것으로 당사자가 아니면 후손이 받는다고 믿어 현세에서 공덕을 쌓는 일에 정진한다. 또한 인과응보에 의해 은혜를 모르는 사람을 아까딴유라고 비난한다(김정희, 2012).

태국에서는 사미승이 되는 것은 어머니에게, 비구가 되는 것은 아버지에게 최대의 효도라고 생각한다(石井米雄, 1991).

"여러 가지 고운 꽃을 모아
많은 화관을 만드는 것처럼
사람도 선업(先業)을 쌓아야
후세에 복락을 받게 된다.

꽃향기는 바람을 거스르지 못한다.
백단나무 향이나 타가라향, 쟈스민향 또한 마찬가지.
그러나 사람이 쌓은 덕의 향기는
바람을 거슬러 모든 방향으로 두루 퍼져 나간다."

〈법구경〉

Check Point 카르마(karma)

카르마(karma)는 모든 행위는 즉각적으로 또는 나중에라도 반드시 결과를 수반한다. 카르마에 의해서 내생에 어떻게 환생할 지가 결정된다(Roy Robson, 2011).

Check Point 불교명절 = 축제

불교명절을 중심으로 한 태국의 축제나 큰 행사는 대개가 사원에서 열려서 사원은 마을 사람들이 모여 이야기하고 화합과 단결을 이루는 장소이기도 하다(김성희, 2012). 송크란 축제는 정월축제이다. 송그란은 상크란타의 범어의 태국어 음역으로 옛날의 달력으로는 이 날이 새해의 시작이었다. 태국인들은 아침 일찍 새옷을 입고 사원에 가서 승려들에게 아침 식사를 공양한다. 태국인들은 사원에서 승려에게 아침식사를 공양하면서 새해 아침을 맞는다(이와모도 유다까, 1987).

15. 스리랑카와 태국의 불교관계

스리랑카는 상좌부 불교를 꽃피어 태국 등의 동남아에 전파하였지만, 스리랑카의 왕조의 분열과 포르투칼, 네덜란드, 영국 등의 식민세력의 침략으로 국력이 쇠퇴한 가운데 스리랑카 내의 비구승단도 쇠락한다.

스리랑카의 끼르띠 스리(KīrtiSrī)왕은 자신들이 상좌불교를 전수해 준 태국에 구족계를 요청하고 태국 승려들이 스리랑카를 방문하여 스리랑카의 사미승들에게 구족계를 줌으로써 스리랑카의 비구승단은 다시 복원되었다(정준영, 2015).

Check Point "시주그릇을 엎는다"

태국인들은 절교하는 것을 "시주그릇을 엎는다"고 한다.

Check Point 코프라사이

코프라사이는 모래로 불탑을 만들고 그 후에 그 모래를 사원에 기증하는 관습이다. 코프라사이에서 코는 세운다를 의미하고 사이는 모래를 의미한다. 불자들은 모래를 사원에 기증하여 우기 등에 승려들이 발이 젖지 않게 사원에 모래를 깐다. 불자들이 모래로 불탑을 만들어 사원에 기증하는 이유는 실제로 경제적 여력이 안되어 불탑을 사원에 기증하지는 못하지만 형태라도 불탑을 만들어 공양하고 싶은 마음의 표현이다(石井米雄, 1991).

Check Point 하루의 시작과 1년의 시작은 시주

태국인들은 하루를 시작하기에 앞서 승려에게 시주하며 1년을 시작하는 새해 첫날에도 시주로 한 해를 시작한다. 태국인들은 스님에게 공양하기 전에는 아침식사를 하지 않는다(김정희, 2012).

16. 한국의 한자불교- 태국의 팔리어 불교

우리나라와 일본 등의 동북아 불교문화권은 한자로 번역된 불교경전을 통해 불교를 받아들였지만, 태국의 불교는 팔리(Pali)어로 쓰여진 불교경전을 그대로 받아 들였다. 이러한 이유로 태국어에는 우리나라 말에 한자가 많은 것처럼 팔리어와 산스크리트어가 많이 혼용되어 있다(김정희, 2012).

| 표 17-6 | 다양한 언어로 표현된 불교용어

산스크리트어	팔리어	한자
Anatman	Anatta	무아(無我)
Atman	Atta	아(我)
Bodhisattva	Bodhisatta	보리살타(菩提薩陀)
Dhama	Dhamma	법(法), 달마(達磨)
Mantra	Manta	만다라(曼陀羅)
Nirvana	Nibbana	열반(涅槃)
Skandha	Khanda	온(蘊), 음(陰)

자료: Roy Robson(2011)

17. 태국경제의 키워드

태국은 인도차이나 반도의 경제허브이다. 태국은 인도차이나 반도의 지리적 중심국가뿐만 아니라 경제허브로서의 역할을 하고 있다. 태국의 인도차이나 반도국가들과의 국경무역, 수출입은 지속적으로 증가하고 있다.

| 표 17-7 | 태국의 국경무역 추이(1991~99년)

(단위: 백만 달러)

	매솟지역		묵다한/싸완나켓지역		합계 (수출입)
	미얀마 → 태국	태국 → 미얀마	라오스 → 태국	태국 → 라오스	
1991	22.7	28.5	28.3	7.1	86.6
1992	8.0	10.3	14.7	14.0	54.9
1993	0.8	36.0	11.5	14.5	62.8
1994	0.8	82.2	11.3	64.4	158.7
1995	0.4	30.3	10.5	66.9	108.1
1996	0.3	41.8	10.2	70.0	122.3
1997	1.1	159.2	9.4	164.5	334.2
1998	6.6	32.7	3.9	105.6	148.9
1999	28.5	148.7	39.3	391.0	607.5

자료: Customs Department of Thailand. ADB(2003), 정재완 외(2003)

ทีฆายุโกโหตุ มหาราชา

ทรงพระเจริญ

Hello
KOREA
by

행복한 불교여행을 마치며

불교의 가르침을 알아가는 과정은 행복했다.
걸어온 길,
서 있는 길,
가야 할 길을 찬찬히 들여다보게 되었다.

불교를 알아가는 과정은 깨달음의 연속이었다.
무지가 오랜 세월 덮어 놓은 진리에 접근할 수 있는 귀한 시간이었다.

불교의 가르침을 이해하면 할수록 동남아 불교국가들이 더욱
친근하게 다가온다.

불교의 가르침을 이해하면 할수록 동남아 불교사원의 단아하고 평온한
풍경들이 힐링으로 다가온다.

소욕지족, 만족, 자비, 이타행의 불교경제가 자본주의
경제의 단점을 보완하여 물질로부터 고통받고 있는
현대인들을 구제하고 균형잡힌 지속가능한 성장이
이루어지길 기원한다.

참고문헌

김광수. 2013. "불교는 자본주의를 어떻게 보는가", 불교평론.

김미숙. 2007. 「인도불교사」.

김성수 외. 2012. 「한권으로 보는 세계사」.

김영애. 2007. "생활종교로서의 동남아불교", 불교평론.

김정희. 2012. "동남아 불교사", 현대불교신문.

대한불교조계종포교원. 2012. 「불교입문」, 조계종 출판사.

박선영. 1982. 「불교와 교육」, 동국대학교 역경원.

법정. 1991. 「숫타니파타」, 샘터.

소운. 2014. 「하룻밤에 읽는 불교」, 알에이치코리아.

슈마허. 김정우 역. 1988. 「불교경제학」, 서울: 대원정사.

안양규. 2013. "인도 및 동남아 불교의 이상인간", 서울대학교 종교문제연구소.

유필화. 1998. 「부처에게서 배우는 경영의 지혜」, 한언.

윤성식. 2010. "불교는 자본주의를 어떻게 보는가", 불교평론.

이만 외. 2004. 「불교사의 이해」, 조계종출판사.

이명권. 2011. 「우파니샤드」, 한길사.

이와모도 유다까. 1987. 「동남아 불교사」, 반야샘, 2531.

이재율. 2013. 「종교와 경제」, 탑북스.

정미경. 2009. 「상좌부불교와 경제발전」, 라이프.

정연식. 2005. 「베트남의 국내외적 위기와 정치적 대응」, 서울: 폴리테이아.

정준영. 2015. "남방불교의 수행문화 형성", 한국불교학회 워크숍.

조계종출판사. 2001. 「불교상식」.

한자경. 2003. 「불교철학의 전개, 인도에서 한국까지」, 예문서원.

홍성민. 2000. "불교와 경제 선사상을 중심으로" 한국선학회.

石井米雄. 박경준 역. 2001. 「동남아시아의 불교수용과 전개」, 불교시대사.

石井米雄. 1975. 「上座部佛教の政治會學」, 創文社.

水野弘元. 석원연 역. 2002. 「불교용어기초지식」, 들꽃누리.

高崎直道. 1988. 「佛教入門」, 우리출판사.

稲葉襄. 1994.「佛教と經營」, 中央經濟社.

坂本力信. 1991.「佛教に學ぶ經營の秘訣」, ソーテック社.

松村寧雄. 1994.「佛教システムを活かす 經營計畫の實踐」, ソーテック社

吉松昭未, 小泉肇. 1996.「メコソ河流域の開發: 國際協力 の了リーナ」. コーェイ 總合硏究所.

井上信一. 1993.「佛教經營學入門」, ごま書房.

ACMECS. 2010. "Ayeyawady - Chao Phraya - Mekong Economic Cooperation Strategy - Plan of Action 2010-2012." Ayeyawady - Chao Phraya - Mekong Economic Cooperation Strategy.

Barnhill, David Landis. 2004. "Good Work: An Engaged Buddhist Response to the Dilemmas of Consumerism." *Buddhist-Chistian studies* 24.

Binh, Nugyen Phuong. 2006. "Geopolitics and Development Cooperation in the Mekong Region." Diokno, Maria Serena I. & Nguyen Van Chinh ed. The Mekong Arrangement & Rearranged, Chiang Mai: Mekong Press.

Booth, Anne. 2004. "Linking, De-Linking and Re-Linking: Southeast Asia in the Global Economy in the Twentieth Century." *Australian Economic History Review*. 44(1).

Bubna-Litic, David. 2000. "Buddhism Returns to the Market-place." Damien Keown (ed). Contemporary Buddhist-Ethics. Richmond: Curzon Press.

Davids, Rhys. 1981. *Buddhist India*, Delhi: Motilal Banarsidass.

Daniels, Peter L. 1998. "Economic Change, the environment and Buddhism In Asia." International Journal of Social Economics. 25(6/7/8/).

Gohlert, Ernst W. 1991. "Buddhist Development: An Alternative Model? Buddhist Power: Alternative Development in Action." In power and Culture. pp.147-191. Bangkok: White Lotus.

Hand-Dieter Evers, Monks, Priests and Peasants: A Study of Buddhism and Social Structure in Centural Ceylon. Leiden: E.j. Brill, 1972.

Hori, Hiroshi. 2000. The Mekong: Environment and Development. Tokyo: United Nations University Press.

IAI. 2009. "Initiative for ASEAN Integration(IAI) Strategic Framework and IAI Work Plan 2(2009-2015)."

Iannaccone, Laurence R. 1988. "Introduction to the Economics of Religion." *Journal of Economic Literature*. Vol.36, No.3.

Johnston, Carol. 2002. "A Christian Critique of Economics." *Buddhist-Christian Studies* 22(2002).

Jones, Ken. 2003. *The New Social Face of Buddhism*, Boston: Wisdom Publications.

Kabilsingh Chatsumarn. 1998. Buddhism and nature Conservation. Bangkok; Thammasat University Press.

Kanai Lal Hazara. 1982. History of Theravada Buddhism in South-East Asia. New Delhi: Munshiram Manoharlal Publishers.

Keyes. C. F., 1977, Millennialism, Theravada Buddhism, and Thai Society. JAS36(2).

Keyes, Charles F. 1983. "Economic Action and Buddhist Morality in a ThaiVillage." *The Journal of Asian Studies*(pre-1986). Aug 1983; 42, 4.

Keown, Damien. 2005. Buddhist Ethics. Oxford. Oxford University Press.

Lamotte, Etienne. 1988. *History of Indian Buddhism*, Louvain: Peeters Press, 1988.

Krugman, Paul. 1994. "The Myth of Asia's Miracle", *Foreign Affairs*, Nov/Dec.

Le Huu Tang & Liu Han Yue, eds. 2007. Economic Reform in Viet Nam and in China: A Comparative Study. Hanoi: The Gioi Publishers.

Loy, David R. 2001. "Buddhism and Poverty." *Contemporary Buddhism*, 2:1. London: Routledge.

Miller, Robert J. 1961. "Buddhist Monastic Economy: The Jisa Mechanism". Comparative Studies in Society and History, Vol.3, No.4.

Prayukvong, Wanna. 2005. "A Buddhist economic approach to the development of community enterprises: a case study from Southern Thailand." *Cambridge Journal of Economics*. 2005, 29.

Pfeffer. Jeffrey.1994. Competitive Advantage through People, Harvard Business School Press: Boston, Massachusetts.

Spiro, Melford E. 1978. "The Buddhist Conception of Kingship and Its Historical Manifest: Reply to Professor Tambiah." The Journal of Asian Studies. 37(4):809-812.

Sothearith, Clap. 2006. "How can Mekong Region maximize the benefits of Economic Integration: A Cambodian Perspective." Paper Presented in a Seminar Organized by the IMF(26-27, June). Siem Reap, Cambodia.

Than Tun.1979. History of Buddhism A.D. 1000-1300, Burma Research Society.

Orboune, Syviengxay. 2010. "Lao PDR and its North East Asian Patners: China, Japan and Korea." Mistuhiro Kagami ed. Japan and Korea with Mekong River Basin Countries. pp. 164-205. BRC Research Report No. 3, Bangkok Research Center, IDE-JETRO, Bangkok, Thailand.

Roy R Robson. 2011. Think World Religion, Person Education.

Uprety, Prem R. 1996. "The Economics of Buddhism: An Alternative Model for Community Development", *Contributions to Nepalese Studies*, Vol.23, No.1 (Jan.).

Vu, Tuong. 2012. "The Persistence of Single-Party Dictatiorships: The Case of Vietnam." SEARC Working Papers Series No. 121. Southeast Asia Research Centre, City University of Hong Kong.

Whitehill, James. 2000. "Buddhism and the Virtues." Damien Keown(ed). *Contemporary Buddhist Ethics*. Richmond: Curzon Press.

Woong, John, Zou Keyuan, and Zeng Huaqun. 2006. China-ASEAN Relations: Economic and Legal Dimensions. Singapore: World Scientific.

World Bank. 1993. The East Asian Miracle: Economic Growth and Public Policy. Oxford University Press.

찾아보기

강영문

· 동국대학교 무역학과 졸업(상학사)
· 한국외국어대학교 대학원 무역학과 졸업(경영학석사)
· 동국대학교 대학원 무역학과 졸업(경영학박사)
· (주) 대신경제연구소 증권분석실 근무
· (주) 대신경제연구소 경제동향분석실 근무
· Visiting Scholar, Singapore Management University
  (한국학술진흥재단 해외방문교수)
· Visiting Scholar, Nanyang Technology University, Singapore
· 한아세안학술교류학자 선정(2011년) (외교통상부 지원)
· 과학창의 앰배서더(미래창조과학부 주최)
· 선거관리위원회 선거방송토론위원
· 무등일보 경제칼럼니스트
· MBC 라디오 경제코너 해설자
· 한국공정무역학회 편집위원
· 국제 e-비즈니스학회 학술위원
· 한국국제통상학회 이사
· 한국협상학회 상임이사
· 관세청 이의신청 심의위원
· 중소기업중앙회 무역자문위원
· 전남대학교 창업보육센터장
· 전남대학교 경상학부장
· 전남대학교 국제통상학과 교수

주요 수상실적
· 전남대학교 교육우수교수 선정(2008년) (Best Teaching Professor)

주요 저서
· 동남아 이슬람문화와 비즈니스(전남대학교출판부, 2015)
· 동남아 화교비즈니스(전남대학교출판부, 2014)
· 동남아 경제의 그늘과 무지개(전남대학교출판부, 2013)
· 국제협상과 문화간 커뮤니케이션(전남대학교출판부, 2013, 제2판)
· 아세안 FTA(전남대학교출판부, 2012)
· 글로벌 물류경영(우용출판사, 2011, 전정판)
· 해상무역보험(전남대학교출판부, 2011)
· 강영문교수의 동남아 지역연구(두남, 2010)
· 무역과 매너의 만남(우용출판사, 2010, 전정판)
· e유통경영(우용출판사, 2010, 전정판)
· 국제통상론(전남대학교출판부, 2009)
· 온오프라인 유통관리(두남, 2008, 개정판)
· 전자물류와 물류관리(두남, 2005)
· 유통물류와 e비즈니스(두남, 2004, 개정판)
· e무역과 국제매너(학문사, 2004)

동남아 불교문화와 비즈니스

인　쇄　2016년 3월 20일
발　행　2016년 3월 30일

저　자 | 강영문
발행인 | 지병문
발행처 | 전남대학교출판부

등　록 | 1981. 5. 21. 제53호
주　소 | 500-757 광주광역시 북구 용봉로 77
전　화 | (062) 530-0571~3
팩　스 | (062) 530-0579
홈페이지 | http://www.cnup.co.kr
이메일 | cnup0571@hanmail.net

값 25,000 원

ISBN　978-89-6849-299-0 (93320)

이 도서의 국립중앙도서관 출판예정도서목록(CIP)은 e-CIP홈페이지(http://www.nl.go.kr/ecip)와 국가자료공동목록시스템(http://www.nl.go.kr/kolisnet)에서 이용하실 수 있습니다.
(CIP제어번호 : CIP2016010063)